I0023025

Marc Terranova

Survivre,

commence

dans la tête !

*Manuel de développement personnel
adapté à la gestion psychologique
d'un choc*

Omnia Veritas

MARC TERRANOVA

SURVIVRE COMMENCE DANS LA TÊTE
*Manuel de développement personnel adapté à
la gestion psychologique d'un choc*

Publié par
OMNIA VERITAS LTD

*O*MNIA VERITAS

www.omnia-veritas.com

© Omnia Veritas Ltd – Marc Terranova – 2017

Notion légale :

Aucune des recommandations faîtes dans cet ouvrage ne peut engager la responsabilité directe ou indirecte de l'auteur. Seul le lecteur est maître et responsable de ses décisions et des conséquences qui en découleront.

Dans cet ouvrage, l'auteur a fait de son mieux pour partager ses connaissances et son expérience avec le lecteur. Cette œuvre est la propriété intellectuelle de son auteur, par l'intermédiaire de l'entreprise Info Edition. Toute reproduction, totale ou partielle, engage le responsable à des sanctions pénales pour outrage aux droits d'auteur. De manière moins formelle, les informations présentées dans cet ouvrage sont d'une importance vitale pour la grande majorité de la population mondiale. Merci de ne pas modifier ou remplacer les informations qui y sont contenues. Merci de respecter le travail de l'auteur et surtout le droit à la vie de chacun !

Bon apprentissage et bonne préparation !

MARC TERRANOVA

INTRODUCTION

De quoi parlons nous lorsque nous parlons de « survie » ?

Nous parlons de rester en vie dans un milieu extérieur pas forcément optimal. La survie fait donc référence au fait de rester en vie et de manière plus général à la notion de vie elle-même. En prenant un peu de recul, il est possible de voir que la vie peut être représenté par trois éléments distincts :

- l'extérieur de vous-même
- l'intérieur de vous-même
- votre corps physique qui symbolise l'intermédiaire entre extérieur et intérieur

Afin de survivre la plupart des personnes se focalise sur des éléments extérieurs à eux-mêmes comme des boîtes de conserve, une lampe torche ou encore une arme à feu. Bien que posséder des équipements extérieurs soit à terme une chose importante pour survivre, cela n'est certainement pas la priorité de toute bonne stratégie de survie.

En réalité, que cela soit pour la vie ou pour la survie, le corps humain est l'élément central. Voilà pourquoi il est important de savoir comment il fonctionne précisément. Votre corps physique est le seul « équipement » que vous possédez véritablement et qui vous sera attribué toute votre vie.

Cependant, en période de survie, le corps peut être mis en danger à la fois par des évènements extérieurs (agressions, chute, etc) que par ses propres processus internes. Ces processus internes se décomposent en deux familles distinctes :

-       les processus d'ordre physiologique (respirer, boire, dormir, manger),

-       les processus d'ordre psychologique (pensées et émotions).

D'ailleur, s'il fallait définir le plus grand ennemi à la survie du corps humain, ce serait le corps humain lui-même ! Outre le fait que le corps humain doit assouvir ses besoins physiologiques, sous peine de mort, il doit également gérer ses réactions aux évènements. Et les premières réactions que le corps déclenche sont les pensées et les émotions. Les pensées et émotions représentent ce que l'on appelle plus communément la psychologie humaine. En période de danger, même minime, toute personne ne sachant pas gérer sa psychologie est susceptible d'être victime d'elle-même. En effet, sans gestion émotionnelle et mentale, il est très facile et très rapide de devenir son « pire ennemi ». Ce constat est d'autant plus vrai lors d'un évènement extérieur rapide, violent et non-anticipé.

Malheureusement, les évènements futurs sur le plan mondial rendent les informations que vous apprendrez ici totalement indispensable à votre survie. Sans rentrer dans les détails, car ce n'est pas le propos de ce livre, vous devez vous attendre à un changement massif, rapide et violent de nos modes vie occidentaux dans les années ou même les mois à venir. Personnellement, je regroupe l'ensemble des évènements futurs sous le terme : d'effondrement des nations. Parmi les événèments principaux, il sera possible de percevoir entre autres : des pillages, des vols, des famines, des effondrements des systèmes monétaires et financiers ainsi que des guerres civiles et inter-nations.

L'ensemble de ces évènements dramatiques déclenchera chez la quasi-totalité de la population mondiale un choc psychologique. Un choc psychologique mal-géré rend les probabilités de survie de la personne victime proche de zéro. C'est pourquoi <u>la priorité de toute bonne stratégie de survie est de savoir contrôler « la psychologie du choc »</u>. Pour vous permettre de surmonter de tels évènements, cet ouvrage vous permettra d'identifier les composantes d'un choc psychologique. Ensuite, vous apprendrez à utiliser les étapes de guérison qui vous permettront de contrôler au maximum votre psychologie. Vous aurez alors toutes les cartes en main pour maîtriser au mieux vos réactions face à des événèments difficiles voire dramatiques. Vous serez également capable de <u>développer un état d'esprit de « guerrier inarrêtable »</u> et le plus important de tout, <u>vous pourrez rester le Maître de vous-même en toute situation</u> ! Enfin, une fois que vous saurez comment gérer vos émotions et pensées négatives, vous découvrirez une technique qui vous permettra de savoir comment prendre de bonnes décisions en cas d'évènement dangereux et de stress intense.

LA PSYCHOLOGIE DU CHOC

La psychologie humaine est souvent un thème perçu comme secondaire, principalement car elle met en oeuvre des phénomènes invisibles à l'œil nu. En réalité, c'est l'un des sujets les plus importants pour vivre une vie heureuse et épanouie. Comprendre les processus de création des pensées et des émotions est absolument essentiel car avant même d'effectuer un mouvement, l'être humain est dirigé par un processus composé de trois grands éléments : les pensées, les émotions et les décisions. Les décisions n'étant que la résultante de pensées et d'émotions, nous nous intéresserons donc en priorité à ces dernières. Dans la vie quotidienne, il est fondamental de comprendre le fonctionnement des pensées et des émotions pour être maître de ses propres actions. Les émotions, tout comme les pensées, permettent de capter et de communiquer une information entre l'extérieur et l'intérieur de l'individu. Cependant, les émotions sont bien plus difficiles à contrôler et même à reconnaître que les pensées, c'est pour cela qu'elles seront étudiées en détails dans ce chapitre.

Dans cet ouvrage, l'étude de la psychologie humaine sera principalement aborder afin de reconnaître et de maîtriser les pensées et les émotions résultantes d'évènements catastrophiques et potentiellement tragiques, c'est : la psychologie du choc. En effet, pour survivre aux évènements futurs, il est vital de comprendre le fonctionnement psychologique lorsque l'individu est soumis à des situations extraordinairement difficiles et effrayantes. Sachez qu'un tel sujet est complexe car pour un même évenement vécu, les pensées émises et les émotions ressenties peuvent être totalement différentes selon les individus. Chaque personne est unique et donc chaque ressenti est différent.

Mais avant de rentrer dans le vif du sujet, il est important de comprendre en détail ce qu'est une émotion. L'émotion est une réaction consciente ou inconsciente à une information extérieure (évènement extérieur) ou à une information intérieure (pensée). Le but de l'émotion est d'indiquer simplement si la situation dans laquelle vous vous trouvez ou l'information que vous recevez est agréable ou désagréable pour vous. Les émotions ne sont que des « messagers » d'informations qui peuvent être différenciés en deux catégories : les positives et les négatives. En réalité, les émotions sont considérées positives ou négatives selon le jugement subjectif que l'on porte sur l'émotion ressentie alors que fondamentalement, les émotions ne sont ni bonnes ni mauvaises, elles servent simplement à faire le lien entre une information extérieure et intérieure à vous-même. Pour illustrer ce propos, il faut imaginer une émotion dite « négative » comme étant un voyant lumineux de danger d'un tableau de bord de voiture. L'émotion négative est finalement une sorte d'alerte pour l'individu, qui doit alors prendre en compte le message d'urgence transmis sous peine de conséquences psychologiques et/ou physiques graves. Les émotions négatives, comme par exemple la peur, ne sont mauvaises et destructrices que si elles ne sont pas comprises et qu'elles perdurent dans le temps. C'est d'ailleurs pour éviter que vos émotions négatives ne vous détruisent qu'il va falloir apprendre à les traduire et à les décrypter. Pour commencer, afin de pouvoir les différencier, voici quelques exemples d'émotions positives et négatives. Les émotions positives peuvent être : la joie, la sérénité et la bienveillance. Les émotions négatives elles peuvent correspondre à : la peur, le doute, l'angoisse, la tristesse, le déni et la colère. Dans l'étude de la psychologie du choc, notre réflexion portera d'avantage sur cette deuxième catégorie d'émotions.

Tout d'abord, il faut savoir que face à un évènement dangereux ou triste, il est normal de ressentir des émotions négatives. Et plus l'évènement est intense, plus la puissance de l'émotion sera décuplée. Un phénomène peut-être tellement traumatisant que la personne ressentant l'émotion peut rentrer dans une phase de panique ou au contraire, de paralysie totale. Dans les deux cas, le résultat est le même : cela amène à la perte de contrôle totale du corps et à la non-maîtrise de ses actions. Cet ouvrage a pour but d'éviter de connaître ce genre de situation qui réduit fortement la probabilité de survie pour les personnes qui en sont victimes.

La premier élément à identifier lors l'étude de la psychologie du choc est <u>la temporalité</u>. De manière générale, la gestion des émotions diffère entre le :

Cas n°1 : Le danger ou choc immédiat

Les personnes confrontées à un danger immédiat agissent quasiment sans réflechir. Ici, il n'y a pas de réflexion et d'émotion, simplement une pensée-réflexe immédiate et une action rapide et franche. Parfois, les réflèxes entrainent une mauvaise réaction et donc une mort ou blessure rapide, mais le plus souvent, les réflexes intuitifs s'avèrent salvateurs !

Exemples :

« Lorsque j'ai vu l'ours, j'ai commencé à courir instinctivement, sans trop réfléchir. »

« Lorsque j'ai vu mon salon en feu, j'ai rapidement courru hors de la maison. »

Physiologiquement, le corps humain est conçu pour réagir aux situations de choc ou à gérer les événements considérés comme dangereux à sa survie immédiate. Le rythme cardiaque s'accélère et des hormones, telle que l'adrénaline, sont sécrétées par le système nerveux de manière à réduire le temps de transmission des informations au niveau cérébral. L'individu est alors capable de développer une concentration mentale et une précision accrue dans ses gestes. La vision de l'individu en danger se focalise exclusivement sur la solution pour éviter la blessure ou la mort : c'est la « vision tunnel ». L'inconvénient de cette « vision tunnel » est le fait de se focaliser sur un danger en particulier, ce qui empêche l'observation des autres dangers alentours présents. Dans ce cas, vous pourriez être capable de survivre à un premier danger, mais pas aux suivants non-pris en compte.

De plus, le confort et la sécurité physique qu'apportent la société moderne ont fait perdre à l'Homme, une grande partie ses réflexes de survie face à une situation potentiellement dangeureuse. Ainsi, pour optimiser sa survie et passer rapidement d'une « vision tunnel » à une « vision panoramique », seul l'entraînement est efficace. Plus vous aurez l'habitude d'être confronté à un faux-danger immédiat (simulation, entrainement, etc) et plus vos réflèxes inconscients seront optimisés. La « vision panoramique » sera alors aquise.

Dans le cas d'un danger immédiat, les émotions négatives n'ont pas le temps d'exister. La réflexion se met en place par la suite et c'est alors que les craintes mentales apparaissent.

Cas n°2 : Le danger ou choc passé

Des individus ayant survecus à un premier danger immédiat, restent parfois émotionnellement bloqués sur l'événement qui est passé et terminé. L'adrénaline a atteint un tel niveau dans le corps, que l'évènement s'est « émotionnellement figé » dans la tête et le corps des survivants alors en « état de choc ». Les émotions négatives arrivent soit à cause de la pensée, qui répète mentalement la situation de danger, soit à cause de la réaction chimique du corps à l'événement (excès puis retombé du niveau d'adrénaline). Les réactions peuvent être très différentes selon les personnes. Certains peuvent être paralysés de peur et d'autres peuvent être totalement paniqués. Si la situation de danger est totalement résolue, cela n'est pas dangereux. En revanche, si un deuxième danger survient, ces personnes seront inaptes à réagir et à prendre des décisions rationnelles. Elles ne pourront donc pas survivre à la deuxième épreuve qui arrive.

C'est la grande contradiction de la population occidentale de notre époque qui, malgré le fait qu'elle soit stressée et abreuvée en permanence d'images négatives au journal télévisé, a perdu la plupart de ses réflexes immédiats de survie. Les secouristes font d'ailleurs de plus en plus ce constat sur les scènes d'accidents graves, les personnes survivantes sont la plupart du temps soit paralysées, soit paniquées par l'évènement de danger passé.

Exemples :

« *Hier, Marco a pris la voiture alors qu'il avait trop bu, nous étions cinq dedans, je suis la seule survivante de l'accident. J'ai entendu Stéphanie suffoquer, mais j'étais tellement paniquée et apeurée que je n'ai pas pensé à la mettre en Position Latérale de Sécurité (PLS) et à lui faire du bouche-à-bouche lorsqu'elle a arrêté de respirer. Aujourd'hui, je m'en veux tellement, j'aurai peut-être pu la sauver et je n'ai rien fait... Pourquoi est-elle est morte et pas moi ? Pourquoi n'ai-je rien fait ? Je ne mérite pas de vivre... »*

« Mon fils est mort il y a trois mois. A l'annonce de son décès, je me suis évanoui et depuis trois mois mon corps est comme paralysé. Tous mes gestes et mes réactions sont beaucoup plus lents à cause de ma tristesse, je suis vidé de mon énergie, je suis au fond du trou. »

Cas n°3 : Le danger ou choc futur

Une émotion négative sera créée par un processus d'anticipation. Cette émotion peut amener à un résultat de paralysie totale ou à une action sous le coup de la colère, qui sera le plus souvent mauvaise. Dans ce cas de figure, les émotions négatives arrivent par la pensée. La projection mentale de la situation future crée une émotion négative à l'instant présent. Les pensées servent d'informateurs au corps humain qui lui va réagir en émettant une émotion. L'anticipation des problèmes futurs est la principale source des émotions négatives chez l'Homme. Ce constat se vérifie tant période normale que dans le cadre d'un scénario d'effondrement.

La peur est la principale émotion négative anticipatrice. En réalité, la peur sert surtout à éviter qu'une situation grave se reproduise. Par exemple, la peur crée la fuite devant un danger ce qui est une bonne chose d'un point de vue de la survie. Mais si l'émotion négative est intense et/ou qu'elle dure dans le temps alors, la souffrance (imaginaire) par anticipation peut être pire que la cause réelle future. Dans ce cas, l'esprit anticipe une souffrance future qui ne se produira peut être jamais.

Exemples :

« J'ai peur de m'approcher du vide car je peux tomber et mourir. »

« J'ai un rendez-vous chez le dentiste dans trois semaines mais j'ai terriblement peur du dentiste. Pendant trois semaines, je vais avoir une boule au ventre créée par ma peur d'aller à ce rendez-vous. Trois semaine plus tard, une fois sortie du dentiste, tout va bien et je me dis qu'il n'y avait pas de quoi avoir peur. Conclusion : trois semaines de souffrance pour rien. »

Pour gérer la psychologie du choc, la première étape est de savoir reconnaître la temporalité du choc. Dans quel cas de figure vous vous trouvez : cas n°1, n°2 ou n°3 ? A quel moment se situe le choc ou la peur du choc : dans le passé, le présent ou le futur ?

Nos premières conclusions sur les émotions négatives sont que :

• Les réactions à une émotion négative intense varient selon les événements et les individus.

• Une émotion négative est créée soit à partir d'une réaction chimique du corps, soit à partir d'une pensée, soit les deux en même temps.

• Une pensée négative, au sujet du futur ou du passé, entraîne une émotion négative dans le moment présent.

À ce stade, il est déjà possible de comprendre que la grande majorité des émotions négatives découlent en réalité d'une seule et même notion : la perte. Il serait possible d'appeler également cette notion : le détachement. Le détachement (ou la perte) peut donc faire souffrir psychologiquement de deux manières :

- En se remémorerant un détachement passé
- En anticipant un (probable) détachement futur

Pour qu'il y est un détachement, encore faut-il qu'il y est au départ un attachement. Et le seul moyen pour votre esprit de souffrir à cause de l'attachement est : <u>la pensée</u>. Sans pensée focalisée sur le passé ou sur le futur, il n'est pas possible de souffrir psychologiquement et émotionnellement dans l'instant présent.

Avant d'étudier les solutions pour maîtriser vos pensées et émotions négatives, il est essentiel de comprendre qu'en cas de choc ou d'annonce brutale comme un décès, l'annonce d'une maladie incurable ou une remise en cause totale de ses croyances, l'être humain traverse ce que l'on appelle :

« les phases du deuil » ou « les phases du mourant ».

Ce schéma explique clairement en quoi cela consiste :

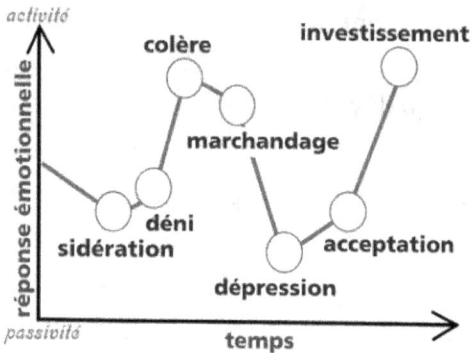

Les phases du mourant

Toutes ces étapes sont bien connues des psychologues et du domaine médical. Cette théorie a été développée par la psychiatre Elisabeth Kübler-Ross, qui a observé la réaction de personnes après l'annonce du fait qu'ils étaient condamnés (maladie incurable). Dans notre cas, le choc de départ correspondra à la prise de conscience qu'un évènement a précipité l'effondrement de nos sociétés modernes. Ce graphique est donc essentiel à retenir pour la suite de l'ouvrage.

Il faut savoir que toutes les émotions indiquées dans le graphique ne sont pas forcément traversées par l'individu en situation de choc et elles peuvent être vécues dans un ordre différent. Mais, l'individu passera au minimum par deux de ces phases. Les durées de passage d'une émotion à l'autre dépendent grandement de la personnalité et de l'expérience en matière de gestion des émotions de la personne sous le choc.

Afin de survivre et d'être capable de prendre des décisions basées sur la raison et non sur l'émotion, il est important d'atteindre la phase d'acceptation le plus rapidement possible. Le temps pour atteindre la phase d'acceptation peut être très long, de plusieurs mois à plusieurs années. Si vous souhaitez survivre vous devrez agir efficacement et rapidement car les décisions que vous prendrez lors des premiers jours de l'effondrement seront déterminantes pour votre survie.

Afin de gérer au mieux vos émotions, je vous propose un processus bien précis pour atteindre la phase émotionnelle d'acceptation le plus rapidement possible. Vous devrez mettre en œuvre les cinq étapes de guérison suivantes :

➤ Étape 1 : Couper le monologue des pensées
➤ Étape 2 : Reconnaître ses émotions négatives et en comprendre la cause
➤ Étape 3 : Accepter le détachement, le changement, l'inconnu
➤ Étape 4 : « Faire les niveaux (énergétiques) »
➤ Étape 5 : Modifier la réalité physique

Pour comprendre l'efficacité et la puissance de ces phases de guérison, il est nécessaire de vivre l'expérience intérieurement. Il faut donc que vous soyez imprégné et immergé dans e qu'est la psychologie du choc, qui correspond dans notre exemple à un contexte d'effondrement sociétal. Si lorsque vous lisez ces mots, l'effondrement a déjà débuté alors, vous n'aurez pas de problème pour vous imprégner de la psychologie du choc. En revanche, si l'effondrement n'a pas encore eu lieu alors, vous devrez imaginer que l'effondrement vient d'avoir lieu, et ce jusqu'à ressentir fortement une émotion négative.

Le texte entre étoiles est à lire uniquement si l'effondrement n'a pas encore eu lieu, si l'effondrement a déjà commencé, passez directement au chapitre suivant :

****

Pour vous imprégner mentalement et émotionnellement d'une situation choquante, voici un scénario probable de déclenchement de l'effondrement des nations. Le scénario choisi est volontairement l'un des scénarios le plus rapide et brutal qui soit. Ceci afin que vous puissiez à terme gérer psychologiquement toutes les situations, même les plus violentes et les plus exceptionnelles.

Un krach boursier historique et mondial vient d'avoir lieu. Toutes les grosses banques du monde viennent de faire faillite dans la journée. Vous ne pouvez plus retirer l'argent que vous aviez à la banque. Le seul argent que vous pouvez dépenser reste les 20€/$ d'argent liquide (cash), que vous avez dans votre portefeuille. Les distributeurs de billet ont en effet été fermés, il y a deux heures...

Dans les rues, la violence et la colère commencent à se faire sentir, il y a des pillages, des vols et même des gens « normaux » qui tuent les autres pour obtenir ce qu'ils veulent. Tous les magasins et supermarchés du pays ont été pillés en quelques heures, il ne reste plus rien à acheter, plus rien à manger. Le problème, c'est que vous avez un stock de nourriture pour tenir à peine une semaine chez vous... Comment nourrir vos proches et vos enfants passé ce délai ?

Vous commencez à paniquer, vous ne savez pas quoi faire ! A la télévision, ils disent que tout va bien et que la situation est sous contrôle mais vous n'êtes pas dupe, vous voyez bien que la situation est grave ! S'il n'y a plus rien à manger dans les supermarchés, comment la population va-t-elle se nourrir ? Ils vont peut-être venir nous voler, nous piller, ils voudront surement nous voler nos bijoux en or... Vous comprenez que vous n'êtes même plus en sécurité chez vous ! De toute manière la police est déborbée par les émeutes en ville, même l'armée qui vient d'être appelée en renfort à l'air débordée par les événements... Votre esprit s'embrouille... Vous avez peur... Vous avez peur de voir vos proches mourir... Vous avez-vous-même peur de mourir et de souffrir... Pourquoi cela vous arrive-t-il à vous ? Vous n'avez rien fait de mal... Vous savez que vous n'êtes pas suffisament préparé pour tout ça... Vous ne pouvez plus retenir vos larmes... Les émotions vous submergent... Vous savez que vous ne pouvez compter que sur vous-même, mais vous ne savez pas quoi faire, par où commencer ? Comment être sûr que vous allez prendre une bonne décision ? « Oh mon Dieu, on va tous mourir, je n'ai jamais eu aussi peur de toute ma vie... ».

Si vous ressentez suffisamment la peur en vous, alors maintenant voyons comment l'éliminer.

C'est parti !

****

LES ÉTAPES DE GUÉRISON

<u>Étape 1 : Couper le monologue des pensées</u>

Vous avez très certainement l'habitude de prendre une douche ou un bain une fois par jour afin de laver et nettoyer l'extérieur de votre corps. Mais depuis combien de temps n'avez-vous pas totalement nettoyer l'intérieur de votre corps et plus particulièrement l'intérieur de votre tête ?

Que cela soit en temps normal ou en période d'effondrement, faire ce nettoyage intérieur est (presque) plus important que le nettoyage extérieur de votre corps. Cette première étape de guérison correspond en réalité à cette notion de nettoyage intérieur que l'on pourrait même appeler : « <u>la Douche Intérieure</u> ».

Une émotion est une forme d'énergie (réaction chimique) qui a des conséquences physiques sur l'intérieur du corps humain et qui doit être extériorisée, comme le serait un corps physique étrangé sous-cutané. Attention cependant car cette extériorisation ne doit pas se faire en combattant par la pensée une émotion négative. Le fait de combattre une émotion négative n'a que pour seul résultat de l'amplifier. Pour attenuer, et à terme faire disparaître une émotion négative, vous devez traiter la cause physique du problème. Nous savons déjà que les émotions négatives sont en grande partie causées par les pensées (négatives) qui elles peuvent se focaliser sur un choc passé ou sur un (probable) choc futur. La première chose à faire est donc : <u>d'arrêter de penser</u>.

Ainsi, pour éliminer ses émotions négatives, il vous faut tout d'abord se focaliser sur la supression des pensées qui les créent. Pour

cela, il existe une technique très efficace
que l'on pourrait nommer : la non-pensée.
Pour mettre en œuvre cette technique,
l'idéal est encore de focaliser son esprit sur
le moment présent. Ainsi, vous ne créerez
aucune peur liée à la temporalité (passé ou
futur) et donc vous ne ressentirez aucune
émotion négative. Grâce à la technique de
la non-pensée dans le moment présent,
vous reprenez rapidement le contrôle
quasi-total de vos émotions.

Comme toute chose, cette technique
demande une certaine pratique avant de
pouvoir la maîtriser totalement. Même les
personnes sur-entraînées, tant en terme de
survie qu'en terme de gestion des
émotions, auront des émotions négatives
lors d'événements comme un effondrement
mondial. Dans un tel cas de figure, l'idée est
de simplement laisser sortir les émotions. Il
ne faut surtout pas les bloquer à l'intérieur
mais par contre il faut les empêcher de

naître à nouveau, en arrêtant de penser et en se focalisant sur le moment présent.

Les émotions négatives adorent les conflits et les résistances internes créées par les pensées négatives, voilà pourquoi, encore une fois, <u>vous devez arriver à ne penser à rien du tout</u> ! Votre esprit doit devenir un château-fort dans lequel aucune pensée ne rentre sans que vous en ayez fait le choix. Au milieu de ce château-fort, le vide total...

Au départ, le vide intérieur peut effrayer, vous pourriez penser que cela est inutile, que vous perdez votre temps ou que vous êtes passif. Pourtant vous devez arriver à <u>lacher-prise totalement</u>, pour cela vous devez accepter le fait de ne penser à rien, même si le monde autour de vous s'effondre. Ainsi, vous deviendrez déconnecté de vos émotions négatives et vous pourrez prendre des décisions rationnelles alors que la plupart des autres personnes prendront des décisions sous le coup d'une émotion négative. Cette méditation, car c'est de cela dont nous parlons, peut être très rapide comme très longue, cela dépend des personnes. Vous devez arrêter cette étape uniquement lorsque vous ne ressentez plus d'émotions négatives en vous et que vous sentez une sensation de paix et de calme intérieur. Cette étape doit être immédiatement mise en œuvre à chaque fois que votre esprit se disperse trop ou que les émotions négatives reviennent. Dans tous les cas, ce travail de nettoyage intérieur doit être fait régulièrement, au moins deux fois par jour, en période de stress intense.

Maintenant que vous avez nettoyé en surface votre esprit des pensées et émotions négatives, vous allez pouvoir penser à nouveau calmement de manière positive et constructive afin de comprendre pourquoi vous avez ressenti de telles pensées et émotions.

Étape 2 : Reconnaître ses émotions négatives et en comprendre la cause

L'étape 1 était un nettoyage <u>en surface</u> de vos pensées et émotions négatives servant principalement à calmer votre esprit et réduire votre stress. L'étape 2 elle, correspond au diagnostic de votre état psychologique, car avant de pouvoir améliorer votre psychologie encore faut-il savoir quelles sont les pensées et émotions négatives qui naissent en vous.

Lorsqu'il est en état de choc, l'être humain perd rapidement pied car en général la plupart de ses repères volent en éclat au même moment. Avec les évènements mondiaux futurs, la perte de repère sera quelque chose de commun pour la majorité de la population de cette planète. Afin de vous permettre de reconnaître dans quelle phase émotionnelle vous vous trouvez malgré la perte de repère, voici des exemples de phrases que vous seriez amené à dire en fonction de chaque phase présente dans la psychologie du choc :

➢ <u>La sidération, l'étonnement, la surprise</u>

« C'est incroyable ! » « C'est totalement fou ! » « Comment est-ce possible ?! »

➢ <u>Le déni, le refus</u>

« Ce n'est pas possible, ils ont dû se tromper. » « Ce n'est surement pas si grave, ils exagèrent toujours ces journalistes... » « C'est rien d'autre qu'un krach boursier de plus, on a déjà survécu en 2008, pourquoi pas à celui-là ? »

➢ <u>La colère</u>

« Si j'attrape les responsables...! » « Pourquoi personne ne fait rien ?! » » Put@/*, fais ch+°&, bord*% de

me£$€ (Gros mots et jurons de toutes sortes). »

➤ Le marchandage, la négociation, la panique

« Laissez-moi vivre pour voir mes enfants diplômés. » « Je ferai ce que vous voudrez, faites-moi vivre quelques années de plus. » « Pourquoi moi et pas un autre ? Ce n'est pas juste ! » » Oh mon Dieu, aide-moi s'il te plaît ! »

➤ La tristesse, la dépression, la paralysie

« Je suis si triste, pourquoi se préoccuper de quoi que ce soit ? », « Je vais mourir... et alors quelle importance ? » « À quoi bon essayer... »

➤ L'acceptation

« Maintenant je suis prêt à réagir avec calme et sérénité ! » « On va s'en sortir ! » « Je dois me faire une raison, rien ne sera jamais plus comme avant. »

➤ L'investissement

« Ok, il y a tel problème, il faut que je trouve telle solution. » « Vite, je sors mon livre sur l'effondrement des nations ! » « Il faut que j'accélère ma préparation rapidement. »

Il ne faut pas avoir honte de ressentir des émotions négatives, cela démontre que vous êtes humain. En revanche, il est important de les évacuer et de ne pas les garder en soi ! Pour cela, vous pouvez vous mettre en colère fortement et rapidement, gueulez et injuriez un bon coup le monde entier, la société, les banques,… Ou bien déprimez un bon coup mais rapidement ! Vous devez accepter les émotions, les reconnaître et ne pas les enfouir en vous. Rappelez-vous que les émotions sont comme les voyants lumineux d'un tableau de bord de voiture. Elles sont des indicateurs censés vous apporter des informations sur ce que vous êtes en train de vivre. Ce n'est pas en masquant le voyant que le problème sera résolu, bien au contraire, mais en traitant la cause. Les émotions ne sont que des « messagers » d'information. Vous devez laisser le voyant visible (exprimer vos émotions) et surtout en comprendre la cause originelle.

La mère de toutes les émotions négatives, la cause des causes, est sans nulle doute : <u>la peur du détachement</u>. Cette peur est ressentie, parfois inconsciemment, dans toutes les phases du mourant suite à l'annonce du choc. La peur du détachement est la cause première du déni, de la colère, du marchandage et de la dépression. Elle est en quelques sortes une peur de l'inconnu, une peur du changement, que l'évènement soit passé ou à venir. Ainsi, pour reconnaître précisément les causes de votre peur, vous devez donc comprendre à quoi vous êtes attachés émotionnellement.

Pour vous aider dans votre analyse, voici les quatre grandes familles d'attachement qui peuvent être séparées en deux sous-familles distinctes :

- <u>Les attachements extérieurs</u> :

- L'attachement humain envers des personnes (conjoint(e), enfants, parents, amis,...)
- L'attachement matériel envers des biens (maison, voiture, argent,...)

- <u>Les attachements intérieurs</u> :

- L'attachement identitaire envers vous-même (croyances, travail, statut social, estime,...)

- L'attachement naturel envers la vie (envie de survivre, envie de sécurité, peur de mourir,...)

Avant de passer à l'étape suivante, vous devez reconnaître quelles sont les choses auxquelles vous êtes attaché et qui vous font souffrir et/ou ressentir votre émotion négative du moment. Posez-vous la question : à qui et/ou à quoi suis-je attaché émotionnellement ?

Et écrivez sur une feuille vos réponses.

Étape 3 : Accepter le détachement, le changement, l'inconnu

L'étape 3 est l'association de l'étape 1 et 2. Dans l'étape 1, nous avons vu que les souffrances sont liées à une pensée passée ou future, mais jamais ressentie dans le moment présent. Dans l'étape 2, nous avons compris les causes de nos souffrances émotionnelles : les attachements. Dans cette étape, nous allons nous détacher émotionnellement de toutes les causes répertoriées dans l'étape précédente.

En période d'effondrement, les difficiles évènements extérieurs rendront certains détachements physiques et réels inévitables. Par exemple, en tant que détachement forcé extérieur, vous pourrez subir la perte d'un proche ou le cambriolage de votre maison. Bien qu'avec une bonne stratégie de survie, vous réduirez considérablement la probabilité de vivre de telles épreuves, le risque zéro n'existe pas. Il vous faut donc savoir comment gérer émotionnellement de tels évènements afin de pouvoir rapidement redevenir le maître de votre psychologie et donc le maître de vos actions.

Selon votre tempéramment et votre situation, la psychologie du choc s'exprimera d'avantage par l'un des deux comportements suivants :

➢ La colère

Le surplus d'émotion sera extériorisé par une violence verbale et/ou physique même vis-à-vis des gens que vous aimez. Dans ce cas, vous avez un surplus d'énergie interne que vous laissez sortir de manière explosive. La colère est un moyen insconscient d'extérioser votre mécontentement face à une situation qui ne nous convient pas. Dans ce cas, <u>vous chercherez à punir les autres</u> (gouvernements, banques, proches,…).

➢ La dépression

La tristesse profonde ou dépression démontre un comportement d'intériosation des émotions. Vous auvez l'impression de ne plus avoir d'essence dans votre réservoir interne, vous êtes « mou », sans énergie. <u>Vous chercherez à vous punir vous-même</u>. L'une des pires phases émotionnelles est bien la phase de dépression car cette phase entraine un niveau d'activité très bas et donc une passivité totale de son auteur envers les événements extérieurs.

Cependant, il y a encore une situation plus grave que la phase dépression, il y a la phase de : <u>dépression + culpabilité</u>. La culpabilité est un véritable poison à rejeter immédiatement si vous la ressentez. Ressentir de la culpabilité est un sentiment tout à fait naturel face à une situation spécifique non-anticipée suffisamment. Mais, la culpabilité vous bloquera à la phase émotionnelle de dépression. En vous croyant coupable, vous chercherez à vous punir personnellement. En période d'effondrement, vous aurez de nombreux ennemis mais vous serez votre seul allié. Vous devez donc absolument éviter de ressentir un sentiment de culpabilité.

En cas d'événement majeur, trois formes possibles de culpabilité apparaîtront dans votre esprit :

➢ La culpabilité de la non-anticipation de l'effondrement

Vous vous en voudrez de ne pas avoir vu les choses venir et donc vous vous punirez intérieurement par des émotions comme la colère ou la dépression.

Ensuite, la deuxième forme de culpabilité que vous ressentirez sera :

➢ La culpabilité de l'impuissance

Si vous n'avez pas prévu ce qui allait arriver alors, vous vous sentirez surement impuissant et ignorant des solutions à mettre en œuvre pour protéger votre famille.

Enfin, la troisième forme de culpabilité que vous ressentirez sera :

➢ La culpabilité de ressentir de telles émotions

Vous ne supporterez pas de ressentir de fortes émotions négatives, comme la colère ou la dépression. Vous vous en voudrez de ne pas arriver à calmer votre esprit et à maîtriser vos émotions. Cela renforcera encore plus votre émotion de base. Vous serez encore plus en colère d'être en colère ou encore plus déprimé d'être déprimé...

Avec le cocktail émotion négative et culpabilité, vous pouvez alors tomber dans un cercle vicieux d'émotions négatives et rester totalement bloqué dans une de ces phases pendant plusieurs mois. Il est fondamental de sortir de ce cercle au plus vite. Sachez que la culpabilité, ne vous servira strictement à rien et que vous devez vous en débarasser le plus tôt possible.

Alors oui, il existe des responsables et des coupables de cet effondrement mondial. Dans une autre de vos lecture, vous comprendrez d'ailleurs qui sont les vrais coupables de l'effondrement et vous serez en droit alors de ressentir de la colère contre eux. Mais comprenez bien que <u>le vrai coupable, ce n'est pas vous</u> ! Vous êtes responsable de la survie de votre famille, mais vous n'êtes pas coupable de l'effondrement. Vous n'avez pas souhaité que cela arrive alors ne portez pas le fardeau de la culpabilité sur vos épaules. Vous devez vous pardonner et être moins dur avec à vous-même. Si vous ressentez de la culpabilité, vous pensez trop. Vous n'avez donc pas suffisamment pratiqué l'étape 1, que je vous conseille donc de relire si vous ressentez de la culpabilité.

Le plus important à retenir est que vous souffrez car vous êtes attaché émotionnellement. Retenez bien cela : <u>attachement = souffrance</u>. Voyons maintenant comment suivre un processus mental et émotionnel vous permettant de vous détacher rapidement de toutes vos attaches quelles qu'elles soient.

Premièrement, vous devez vous détacher de vos attaches extérieures. Vous n'êtes pas votre maison, votre costume, votre voiture, vos meubles, votre compte en banque,…. Vous n'êtes pas votre conjoint(e), vos enfants, vos parents ou vos amis… Vous n'êtes rien, une poussière dans l'Univers, vous êtes le Vide incarné ! Vous êtes léger comme une plume ! Plus rien ne peut vous atteindre car, vous êtes ici et maintenant détaché de toutes les contraintes extérieures de votre vie.

Dans un deuxième temps, vous devez vous détacher de vos attaches intérieures. En acceptant de mourir intérieurement, en vous détachant de la définition que vous avez de vous-même, vous pourrez (re)naître et (re)devenir vraiment qui vous êtes en profondeur. Au final, vous êtes VOUS ET SEULEMENT VOUS ! Vous êtes né nu, vous mourez nu. Il est important de ressentir émotionnellement le détachement dans tout votre corps. Si vous avez peur de mourir demain, vous devez acceptez de mourir intérieurement ici et maintenant. Vivre ou mourir, cela ne doit vous faire ni chaud, ni froid. Vous retournerez comme vous êtes venu, sous forme d'Énergie, à la source de toute chose : l'Univers, Dieu, Allah, le Ki, le Prana, le Créateur, la Source, le Tout… appellez-le comme vous voulez.

« La mort nous sourit à tous, la seule que l'on peut faire, c'est sourire à la mort. »

Maximus, film : Gladiateur

Cette étape de guérison correspond pleinement à la phase émotionnelle d'acceptation que vous devez atteindre avant de prendre une décision. L'acceptation émotionnelle correspond finalement à un détachement émotionnel total. Pour totalement se détacher émotionnellement, il faut mettre en œuvre un lacher-prise émotionnel. Le lacher-prise émotionnel est la continuité du lacher-prise mental de l'étape 1 (non-pensée dans le moment présent). Cette étape de guérison est la plus difficile car vous devez accepter de plonger dans l'inconnu. Vous devez accepter de vous détacher de vos repères de vie passés rassurants. Vous devez arriver à vous détacher à 100% de toutes vos attaches émotionnelles passées et de tout perdre intérieurement afin de repartir sur des bases émotionnelles saines. N'essayez surtout pas de comprendre, il est encore bien trop tôt, vous devez simplement accepter le détachement de l'ancien « Vous » et accepter de vous attacher à votre nouveau « Vous ». Acceptez le changement ou vous le subirez !

Prenons un exemple concret, pour mieux comprendre ce que signifie le lacher-prise émotionnel.

Exemple :

Vous êtes sur un bateau au milieu de l'océan. Le temps est à l'orage, il y a des vagues alors vous vous tenez à une barrière sur le ponton du bateau. À un moment donné, le bateau se fissure sous la pression des vagues. Le bateau commence à sombrer. Vous, vous êtes tellement terrorisé que vous vous agrippez de toutes vos forces à votre barrière. Le bateau sombre, mais votre crispation est telle que vous ne voulez pas lacher la barrière. Le bateau continue de sombrer alors que vous êtes toujours attaché à lui. Vous allez mourir noyer alors qu'il vous aurait suffit simplement de lacher la barrière pour remonter à la surface et respirer.

Voilà à quoi vous attendre, si vous n'arrivez pas à lacher-prise.

Cette étape de guérison est la seule capable de vous libérer totalement de toutes vos peurs et de toutes les autres émotions négatives que vous ressentez. Vous ne devez surtout pas essayer de combattre vos peurs avec votre mental. Vous perdrez beaucoup de temps et d'énergie indispensables pour votre survie, en plus du fait que cela ne fonctionnera pas. <u>Vous devez seulement lâcher-prise et accepter de vivre intérieurement ce qui vous fait peur extérieurement</u>.

Contrairement à ce que l'on pourrait croire, les détachements forcés les plus durs à surmonter ne sont pas extérieurs, mais bien intérieurs. Lors de l'effondrement, les deux plus grosses souffrances internes seront <u>la perte de l'illusion de la sécurité</u>, causée par une perte de repère totale (attachement identitaire), et <u>la peur de la mort</u> (attachement envers la vie). Avec l'effondrement, ce n'est pas seulement les règles du jeu qui changeront mais le jeu en lui-même. La partie de « monopoly » sera terminée, les joueurs quitteront la table. Un nouveau jeu devra être créé et les cartes seront redistribuées. Ce sera à vous d'inventer le nouveau jeu et d'en produire les nouvelles règles. Accepterez vous d'écrire vos propres règles et de brûler les anciennes ?

Vous ne pourrez pas survivre dans ce nouveau monde avec l'ancienne version de vous-même. Soit vous acceptez le détachement, le changement, soit vous allez périr, en restant bloqué dans une émotion négative de manque jusqu'à votre mort physique. Si vous n'acceptez pas l'idée de mourir intérieurement, si vous n'êtes pas en paix avec cette idée, vos émotions négatives ne pourront jamais disparaître. Vous aurez alors toujours peur d'un détachement futur : celui de perdre la vie, de perdre quelqu'un ou une richesse matérielle. En acceptant de vous détacher de l'ancienne version de vous-même, vous acceptez le fait de vous détacher de toutes les choses extérieures et intérieures,

autrement dit <u>vous acceptez de « mourir »
intérieurement</u>.

Grâce au détachement émotionnel, vous
parviendrez à vous délester de toutes vos
émotions négatives. Vous serez alors léger
comme l'air et fluide comme l'eau. Est-ce
que l'eau souffre de changer de phase, de
passer d'une forme liquide à une forme
gazeuse ou solide ? Acceptez de totalement
lacher-prise… Cessez de vouloir tout
contrôler et laissez vous porter. A partir de
maintenant, vous êtes « mort »
(émotionnellement parlant)… Plus rien n'a
d'importance… vous êtes en paix avec vous-
même. Vous êtes dans le moment présent,
sans aucune pensée… Profitez quelques
instants de ce calme intérieur…

N'oubliez pas que vous pouvez revenir à
cette paix intérieure quand bon vous
semblera.

Maintenant, chaque seconde que vous allez vivre est une seconde bonus que vous offre la vie ! Vous êtes une toute nouvelle version de vous-même prêt à survivre sereinement aux événements extérieurs. Plus rien ne vous fait peur, pas même la mort. Ensuite, vous allez devoir devenir une nouvelle version de vous-même active et pleine d'énergie. L'étape de guérison suivante correspond donc à la dernière phase du mourant-survivant qui est la phase « d'investissement ». En ayant accepter la mort intérieure de l'ancienne version de vous-même, vous allez maintenant pouvoir renaître de vos cendres. L'étape de guérison suivante aura donc pour but d'augmenter le niveau énergétique et le niveau d'activité de la nouvelle version de vous-même.

Étape 4 : « Faire les niveaux (énergétiques) »

Afin de devenir la meilleure version de vous-même, vous devez absolument augmenter votre niveau énergétique interne. Et pour ce faire, il vous faut savoir que tout ce qui existe sur cette planète et en dehors est <u>énergie</u>. Vous êtes vous-mêmes des êtres énergétiques. Votre corps fonctionne grâce à des courants électriques, des mouvements physiques et des réactions chimiques…. Quand vous vous nourrissez d'aliments, vous captez les calories de l'aliment et les calories sont de l'énergie. Mais il existe une autre forme de nourriture qui elle, est invisible car basée sur les champs électromagnétiques. Cette deuxième « nourriture énergétique » est tout aussi indispensable pour votre vie que celles de aliments. Cette nourriture vous permettra de rebondir une fois la phase d'acceptation atteinte et ainsi obtenir suffisament d'énergie pour survivre.

Pour augmenter votre niveau d'énergie interne, il faut comprendre le principe du recevoir/donner. Votre corps est un réservoir d'énergie équivalent à un réservoir d'essence de voiture. Pour que votre voiture puisse rouler, il faut que le réservoir ne soit jamais vide. Et bien, c'est le même principe pour vous. Vous devez toujours avoir un minimum d'énergie interne pour avancer. L'étude scientifique suivante vous permettra de mieux appréhender cette notion d'énergie interne. Les résultats de cette étude finlandaise s'illustrent par « la carte corporelle des émotions » suivante :

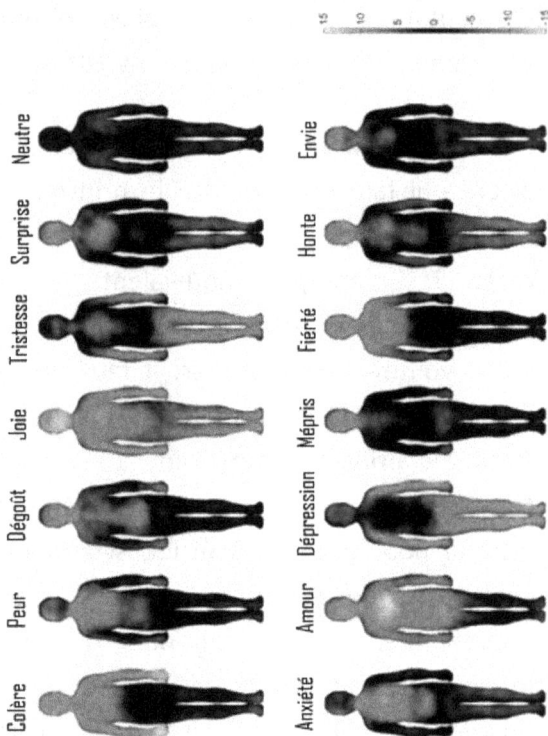

Carte corporelle des émotions

Cette étude scientifique s'est appuyée sur le témoignage de 701 volontaires à qui l'on a présenté des vidéos ou des images suscitant diverses émotions. Les volontaires devaient ensuite colorier sur une silhouette humaine les parties de leur corps qui se trouvaient suractivées ou, au contraire, inhibées. Les travaux des chercheurs affirment que les principales émotions humaines sont ressenties physiquement d'une manière similaire pour tous les individus, quelles que soient leurs spécificités (corpulences, couleurs de peau, religions, etc). Les couleurs chaudes (rouge et jaune) représentent les zones activées par les émotions alors que les couleurs froides (bleues) montrent celles qui sont désactivées par nos sensations. La plupart des émotions considérées comme spontanées comme la peur, la surprise ou encore la colère sont associées à une augmentation d'activité au niveau du torse, ce qui correspond à une accélération des rythmes cardiaques et respiratoires. En revanche, la tristesse est ressentie par un affaiblissement des bras et des jambes alors que la dépression représente un affaiblissement complet de tout le corps. A l'inverse, la joie et l'Amour sont caractérisés par une augmentation d'énergie dans l'ensemble de l'organisme. Cette carte permet de visualiser comment se matérialise le niveau énergétique de chaque humain dans son corps en fonction d'une émotion ressentie.

Pour vraiment comprendre le fonctionnement énergétique du corps humain, la carte des émotions doit être associer au schéma suivant. Le schéma, représentant l'échelle énergétique des émotions, permet de mettre en évidence l'association entre le <u>niveau énergétique interne et toutes les émotions ressenties par l'individu</u> :

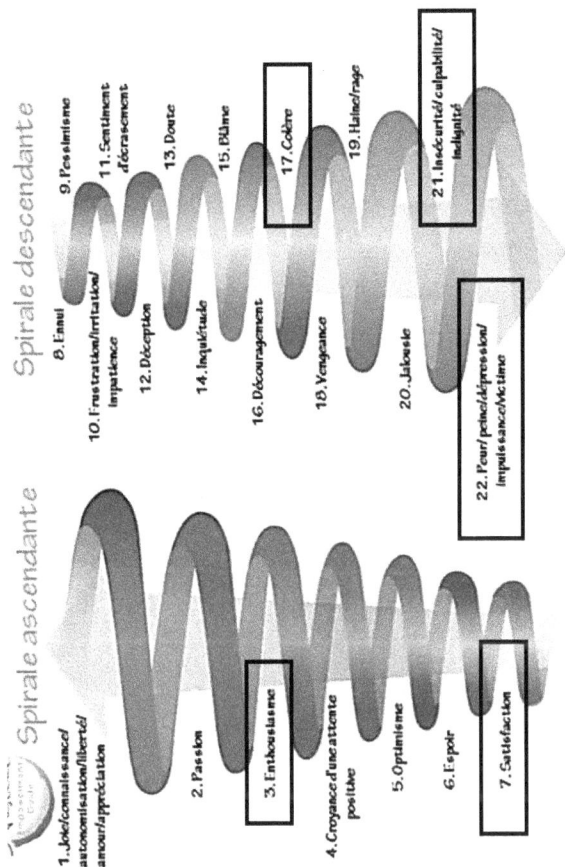

Spirale descendante

8. Ennui
9. Pessimisme
10. Frustration/irritation/ Impatience
11. Sentiment d'écrasement
12. Déception
13. Doute
14. Inquiétude
15. Blâme
16. Découragement
17. Colère
18. Vengeance
19. Haine/rage
20. Jalousie
21. Insécurité/culpabilité/ Indignité
22. Peur/peine/dépression/ Impuissance/victime

Spirale ascendante

1. Joie/connaissance/ autonomisation/liberté/ amour/appréciation
2. Passion
3. Enthousiasme
4. Croyance d'une attente positive
5. Optimisme
6. Espoir
7. Satisfaction

Échelle énergétique des émotions

Dans ce schéma, les émotions encadrées en rouge sont celles correspondant à la psychologie du choc vu précédemment. L'émotion n°7 correspond aux phases de déni et d'acceptation. La colère est la n°17 comme indiqué. L'émotion n°21 correspond à la phase de marchandage. La phase d'investissement, qui est celle à atteindre, se situe aux alentours de l'émotion n°3 (l'enthousiasme).

Le point suivant est très important à comprendre. Il vous faut arriver à différencier les deux éléments suivants :

- le <u>niveau d'activité</u>
- le <u>niveau énergétique</u> (ou d'énergie)

Le <u>niveau d'activité</u> correspond à la <u>quantité</u> d'énergie interne, il est représenté par le graphique de la psychologie du choc *(cf graphique : « Les phases du mourant » - chapitre 1)*. Le <u>niveau énergétique</u> lui correspond à la <u>qualité</u> d'énergie interne, représenté par le schéma ci-dessus *(cf. graphique : échelle énergétique des émotions)*. Pour mieux appréhender ces notions, utilisons un exemple.

Exemple :

Prenons un poste de radio portable. Sur ce poste de radio, vous avez trois boutons : un bouton « ON/OFF » pour allumer ou éteindre la radio, un bouton « FREQUENCE » pour rechercher les fréquences radio et choisir la station radio que vous désirez et enfin un bouton « VOLUME » pour régler le volume sonore. Oublions le bouton « ON/OFF » et imaginons que le poste radio… c'est vous ! Dans ce cas, votre niveau énergétique correspond au bouton « FREQUENCE » qui vous permet de choisir quelle émotion votre corps va ressentir. Une fréquence d'émission très haute correspond à l'émotion n°1 du schéma précédent. A l'inverse, une fréquence d'émission très basse correspond à l'émotion n°22. Votre niveau d'activité lui est représenté par le bouton « VOLUME » qui vous permet d'utiliser votre énergie interne pour vous faire entendre, autrement dit, agir dans la réalité physique.

L'objectif de cette étape de guérison est de vous permettre de » jouer votre plus belle musique intérieure », le plus longtemps possible et de faire en sorte que « tout le monde l'entende ». Pour ce faire, vous devez maintenir au maximum le volume de votre musique intérieure et sa qualité d'émission. Avec les bons réglages, votre probabilité de survivre sera très élevé. Cependant, il faut bien comprendre que vous êtes le seul responsable de vos réglages énergétiques. Même si les événements extérieurs vous empêcheront d'émettre « votre plus belle musique » à certains moments, vous devez imprimer dans votre tête (et votre corps) que vous avez besoin d'un réservoir d'énergie de grande qualité et rempli à ras-bord !

Pour atteindre votre objectif, il est essentiel de comprendre les relations qu'il existe entre niveau d'activité (quantité d'énergie) et niveau énergétique (qualité d'énergie). Voici un tableau qui permet de comprendre les interations entre ces deux éléments en fonction des phases traversées dans la psychologie du choc :

La psychologie du choc et ses conséquences énergétiques et physiques sur le corps humain			
	Emotion ressentie	Niveau d'activité	Niveau énergétique
Phase n°1	Déni	Moyen	Moyen
Phase n°2	Colère	Elevé	Faible
Phase n°3	Marchandage	Moyen	Très faible
Phase n°4	Dépression	Très faible	Très faible
Phase n°5	Acceptation	Moyen	Moyen
Phase n°6	Investissement / Enthousiasme	Elevé	Elevé

Ce tableau vous permettra de vous situer et de voir quels sont les réglages à effectuer, afin d'atteindre la phase n°6 le plus rapidement possible, et y rester !

Le plus important pour votre survie est de <u>toujours maintenir un niveau d'activité</u>

élevé. Cela signifie que vous restez actif et en mouvement. Mais cela ne suffit pas pour atteindre la phase d'investissement, qu'il est indispensable d'atteindre pour survivre. Il est également nécessaire de maintenir un niveau énergétique (qualité) relativement élevé, car rappelez-vous toujours que votre niveau d'activité (quantité) correspond à votre « réservoir » d'énergie interne. Pour utiliser ce réservoir, ce stock d'énergie disponible, vous avez deux possibilités :

- soit vous en servir pour construire,
- soit vous en servir pour détruire.

En tant qu'être énergétique, vous devez comprendre que l'extérieur et l'intérieur de vous-même, sont les deux faces d'une même pièce. Ce que vous allez faire à l'extérieur, vous allez vous le faire à vous-même. Et inversement, si vous vous construisez et augmentez votre qualité d'énergie à l'intérieur alors vous construirez à l'extérieur. Le fait de choisir de construire plutôt que de détruire est donc déterminant pour votre survie ET déterminé par votre niveau énergétique interne. Le niveau énergétique (qualité) est une sorte de boussole qui utilise et dirige votre niveau d'activité (quantité) d'une manière constructive ou destructive. Voilà pourquoi, le fait d'avoir beaucoup d'énergie ne suffit pas, il faut également avoir une énergie interne de qualité et donc un haut niveau énergétique. Autrement dit, vous devez au maximum rester dans une émotion positive sur le long terme.

Pour résumer ce point :

Spirale ascendante des émotions = gain d'énergie interne = démarche constructive

Spirale descendante des émotions = perte d'énergie interne = démarche destructive

Vous l'aurez compris, l'objectif principal de cette étape de guérison est donc d'augmenter votre niveau d'activité (quantité d'énergie) ET votre niveau énergétique (qualité d'énergie).

Pour ce faire, il existe deux méthodes :

	La méthode « forte »	La méthode « douce »
Mise en oeuvre	Difficile	Facile
Durée d'excécution	Rapide	Longue

1)   La méthode « forte »

La méthode « forte » consiste tout simplement à se mettre en colère. Cette émotion, qui est dans la spirale descendante des émotions, est en effet très différente des autres d'un point de vue du niveau d'activité humain. En effet, la colère permet d'avoir une attitude active contrairement à la dépression qui crée une attitude totalement passive et soumise aux évènements. En période de survie, il est donc clairement préférable de ressentir une émotion de colère qu'une émotion de dépression. En étant en colère, vous disposez d'un haut niveau d'activité, vous avez alors déjà fait la moitié du chemin. Il ne vous restera plus qu'à faire l'autre moitié en augmentant votre niveau énergétique (qualité). Pour se faire, vous devez <u>positiver</u> ! Autrement dit, avoir des pensées et émotions positives pour construire plutôt que détruire.

Attention cependant de ne pas rester bloquer dans la phase de colère car cela vous fera prendre des décisions irrationnelles et donc dangereuses pour votre vie. En restant dans cette émotion, vous ressentirez à terme des émotions de vengeance ou de haine/rage qui vous maintiendront dans une attitude active mais, qui vous rendront esclaves de vos émotions négatives (cercle vicieux). Vous deviendrez alors hors de contrôle et donc dangereux pour vous-même et pour les autres. La colère est donc à utiliser avec parsimonie et doit toujours être un tremplin pour accéder à la phase d'investissement.

L'objectif principal est de rester le plus possible dans la phase émotionnelle d'investissement. Mais ce n'est pas parce que cette phase sera atteinte une fois que vous ne retomberez pas régulièrement dans une phase inférieure. Dans ce cas, faîtes le va-et-vient entre colère et investissement, en veillant à éviter la phase de dépression et de marchandage. Utilisez votre colère comme un tremplin énergétique pour accéder à la spirale positive et ascendante des émotions. En améliorant la qualité de vos pensées et émotions (niveau énergétique élevé), vous arriverez alors à vous maintenir dans la phase d'investissement.

Rappellez-vous que les émotions ne sont que des indicateurs (des voyants lumineux de votre tableau de bord) qui sont là pour transmettre un message. Le message que vous transmet l'émotion de colère est : « ce que je vois est intolérable pour moi ». <u>La colère est donc l'indicateur de ce qui tolérable pour vous</u>. Il est alors normal d'être en colère lorsque l'on voit beaucoup de souffrance ou d'injustice autour de soi. Encore une fois, s'il vous arrive de ressentir trop de colère, servez-vous de ce capital énergétique naturel <u>pour créer et construire plutôt que pour détruire ou combattre</u>. Vous devez <u>embellir et concrétiser votre colère par des actions positives</u> !

Cette méthode est relativement rapide à mettre en œuvre mais reste toutefois difficile dans son excécution, car savoir construire sous l'effet d'une émotion fortement destructrice comme la colère demande une grande maîtrise de soi et un peu d'entrainement. La prochaine méthode est une méthode beaucoup plus « douce » et à la portée de tous.

2)   La méthode « douce »

Si vous avez bien suivi les étapes de guérison jusqu'à maintenant, vous devez être à la phase d'acceptation émotionelle. Vous devriez alors ressentir une émotion proche de l'émotion de satisfaction (n°7). Vous êtes un nouveau « Vous » et une nouvelle version de vous-même flambant neuve. Vous n'avez aucune pensée et émotion négative et vous êtes totalement détaché émotionnellement des choses importantes pour vous. Nous arrivons bientôt à la fin de notre processus de guérison mentale et émotionnelle.

Bien que dans l'étape de guérison précédente, nous avons cherché à nous purifier de nos émotions négatives par le détachement total. Il vous faut savoir qu'il est impossible de vivre et d'être 100% détaché émotionnellement des événements. Bien que l'attachement est la cause des pensée et émotions négatives, il n'en reste pas moins indispensable à la vie humaine. L'attachement émotionnel est l'élément qui permet de vivre en groupe et ce point est fondamental tant pour la survie que pour la vie de tous les jours. L'attachement émotionnel a un but, comme celui de survivre par exemple donne également un sens à la vie.

A partir de maintenant, vous allez pouvoir vous attacher émotionnellement aux choses vraiment importantes pour vous. Mais attention, vous ne devez pas vous attacher aux choses négativement, avec une sensation de manque mais uniquement positivement, avec une sensation d'abondance et de gratitude. Il est très important de vous focaliser ici sur l'essentiel pour vous et d'exprimer des <u>pensées positives</u> afin de ressentir des <u>émotions positives</u>.

L'idéal est de faire ce que nous apprennent tous les grands sages de l'Histoire (philosophes, maîtres de pensées orientaux, intellectuels...), c'est-à-dire de trouver le juste milieu en toute chose, l'équilibre entre attachement et détachement. Rechercher le 50/50 est la stratégie de gestion émotionnelle à mettre en œuvre tant pour la survie et que pour la vie de tous les jours. Vous devez absolument garder cet équilibre interne, si vous commencez à retomber dans une phase émotionnelle négative (ce qui signifie être trop d'attaché) ou à avoir des pensées négatives (trop penser), reprennez le processus de guérison à l'étape 1 immédiatement.

Une fois l'équilibre émotionnel trouvé, l'idée maintenant est d'augmenter votre réservoir interne d'énergie et la qualité de cette Énergie. Pour ce faire, vous devez avoir principalement deux choses : de l'estime et de la confiance en vous-même. Il est important de différencier l'estime de soi, qui est la notion de « valeur » que nous avons de nous-même et la confiance en soi, qui est la notion de croyance en notre propre « capacité » à faire les choses. L'estime de soi correspond au niveau énergétique (qualité d'énergie interne) et la confiance en soi correspond au niveau d'activité (quantité d'énergie interne).

Etes-vous vraiment prêts à devenir INVINSIBLE intérieurement ?

Je n'entends pas... ?!?

Oui !!!? Alors c'est parti...

A) **L'estime de soi :**

L'estime de soi correspond à la valeur que l'on a de nous-même. Elle représente en quelque sorte le « prix de vente » que nous nous donnons. Pour bien comprendre la notion d'estime de soi, il faut différencier la valeur réelle et la valeur perçue. Ce principe est utilisé en marketing pour savoir si un produit va se vendre ou pas. Si le prix de vente d'un objet (valeur réelle) est inférieur à la valeur perçue de l'objet par le client, alors le client achetera. Pour un objet, sa valeur réelle est son prix de vente. Dans la vie, la valeur réelle est : le droit de vivre. Le simple fait d'être en vie vous attribue une valeur réelle non nulle. Cependant, la valeur perçue elle peut-être nulle voire négative. Pour vendre un objet, le plus important n'est pas la valeur réelle mais la valeur perçue par le client. C'est la même chose avec vous-même. Quelle valeur perçue vous donnez-vous, sachant que vous ne connaissez pas votre propre valeur réelle ?

<u>L'estime de soi est en réalité la valeur perçue de vous-même par vous-même</u>.

Maintenant vous devez vous poser la question suivante : <u>quelle valeur (perçue) à la vie pour moi</u> ? En réalité, vous êtes « l'acheteur » de votre vie. Est-ce que vous « acheteriez » votre propre vie ? Celle d'un autre ? Ou aucune d'entre elles ? Si votre réponse est négative à votre égard, alors vous devrez absolument recréer de la valeur dans votre vie. Ce point est fondamental pour votre survie, voyons pourquoi. Si nous prenons l'exemple de quelqu'un qui souhaite se suicider, cette personne a une très très faible valeur perçue d'elle-même et donc une estime de soi à zéro. Cette personne estime que la vie n'a plus assez de valeur à ces yeux ou inversement qu'elle-même n'a pas assez de valeur personnelle pour avoir le droit de vivre.

En effet, sans estime personnelle, vous jugerez que vous ne méritez pas de vivre. Si vous jugez que vous ne méritez pas de vivre alors, vous êtes déjà mort ! Pour survivre, vous devez avoir envie de vivre. Si vous n'avez pas envie, si vous n'avez pas de motivation, si votre estime de vous-même et votre niveau énergétique sont à zéro alors, il vous sera impossible de survivre. Cela semble évident avec le recul mais pourtant beaucoup de personnes oublient ce raisonnement logique bien trop rapidement. <u>L'envie de vivre est fondamentale, si vous voulez survivre</u>.

Pour avoir envie de vivre, vous devez alors augmenter la valeur (perçue) que vous avez de vous-même. Pour augmenter votre propre valeur (perçue), <u>vous devez aimer la vie</u> ! Mais comment aimer la vie alors que tout ce qui vous entoure n'est potentiellement que chaos ? Comment avoir envie de vivre dans une civilisation inhumaine ?

Pour aimer la vie dans n'importe quelle condition, il existe deux ingrédients « magiques » :

a)   L'Amour de soi

Lorsque l'on parle de sa vie, il est usuel de parler des éléments extérieurs à nous-même (maison, travail, famille, etc). Même si ces éléments sont importants, ils ne restent que secondaires pour avoir une belle vie. La société a tendance à nous faire oublier la place centrale que nous tenons dans notre propre vie. Avant d'aimer et de vous attacher émotionnellement aux éléments extérieurs à vous-même (de manière positive comme nous le verrons), vous devez d'abord vous aimer vous-même ! Vous devez vous aimer de manière inconditionnelle. Vous devez vous attacher émotionnellement à vous-même, sans raison particulière, juste parce que vous le méritez. Profitez-en car c'est le seul cas d'attachement émotionnel sans possiblité de détachement et donc de souffrance. En d'autre terme, c'est du bonheur gratuit et sans retour de bâton. Mais attention à aimer la nouvelle version de vous-même que vous venez de créer et non pas l'ancienne.

En réalité, vous ne devez pas aimer la vie, <u>vous devez vous aimer vous-même</u>. La seule chose pour laquelle vous vivez, c'est vous-même ! Si vous n'étiez pas là, rien de tout ce que vous avez vécu et vivrez n'existerait. Devenez votre premier partenaire de vie. Soyez votre meilleur ami et allié. Vous devez pouvoir compter sur votre fidélité envers vous-même à chaque seconde de votre vie. Faîtes vous la promesse de ne plus jamais faire quelquechose qui pourrait vous nuire de prêt ou de loin. Etablissez ce contrat moral envers vous-même ici et maintenant !

Nous avons tous un pouvoir créateur qui nous permet d'avoir une vie pleine de sens. Ce pouvoir créateur est de pouvoir partager son énergie interne. C'est le pouvoir de l'Amour. <u>L'Amour consiste à harmoniser les énergies</u>. S'aimer soi-même signifie donc harmoniser ses propres énergies internes. Une technique efficace afin de s'aimer soi-même est de réciter régulièrement les affirmations suivantes :

« *Je m'aime à la folie !* »

« *Je m'aime sans raison particulière, juste parce que je le mérite.* »

« *Je mérite d'être pleinement heureux car je suis quelqu'un de bien !* »

« *Je ne vais pas attendre d'être mort pour être heureux !* »

« J'aime la vie et la vie m'aime en retour. »

« Je suis quelqu'un d'absolument génial. »

« Je suis un(e) Guerrier(e) ! »

Il est recommandé de faire ce petit exercice devant un miroir. Au départ, vous n'arriverez pas à vous regarder dans les yeux mais petit à petit vous y arriverez et vous sentirez la sensation d'Amour envahir votre corps. Votre niveau énergétique augmentera naturellement, sans forcer.

Le résultat à atteindre est de ressentir la chaleur de l'Amour dans votre propre corps. Ce point est absolument VITAL et INCONTOURNABLE pour survivre car si vous n'arrivez pas à vous aimer profondément et sincèrement, vous n'allez pas survivre longtemps. Si vous n'arrivez pas à vous aimer suffisament, votre inconscient vous punira car, au fond de vous, vous garderez le sentiment de ne pas mériter de vivre.

Vous allez abandonner à la première difficulté et vous allez régulièrement vous auto-saboter. Dans ce cas, vous allez devenir votre pire ennemi car, vous ferez échouer tout ce que vous essayerez d'entreprendre. A l'inverse si, avec de l'entrainement, vous parvenez à vous aimer sincèrement et profondément, vous deviendrez inarrêtable. Votre corps sera reconditionné pour régulièrement vous remplir d'énergie positive et ainsi augmenter naturellement et presque automatiquement vos niveaux énergétique et d'activité. Vous serez alors intérieurement indestructible et surtout vous deviendrez votre propre distributeur d'Amour officiel ! Vous ne serez alors pas loin de connaître le « Bonheur »...

Passons maintenant au deuxième ingrédient « magique » pour augmenter son estime de soi.

b) <u>**La gratitude**</u>

De nombreuses études scientifiques ont en effet démontré que le fait d'avoir de la gratitude, notamment à travers la prière et la méditation, avait le pouvoir de sécréter de la dopamine en quantité dans le corps. La dopamine est plus connue sous le nom de « l'hormone du bonheur ».

Pour comprendre comment utiliser le pouvoir de la gratitude, il faut savoir que dans la vie, vous avez deux choix. Vous pouvez vous focaliser soit sur les choses qui ne vont pas (le verre à moitié vide) soit sur les choses qui vont bien (le verre à moitié plein). Autrement dit, vous pouvez vous attarder soit sur le manque (perçu) présent dans votre vie soit sur toute l'abondance que vous avez déjà. <u>Cette notion de focalisation est absolument essentielle pour garder le moral et augmenter son niveau énergétique</u>. En vous focalisant sur des événements extérieurs négatifs, votre niveau énergétique sera proche de zéro. Ce phénomène s'explique par un lien puissant entre l'intérieur et l'extérieur de vous-même. Votre (perception de la) réalité extérieure n'est que le reflet de votre niveau énergétique intérieur. Ainsi, en orientant votre esprit sur l'abondance déjà présente dans votre vie, vous déplacez votre psychologie de la spirale descendante à la spirale ascendante des émotions. Ce processus vous permettra d'augmenter progressivement votre niveau énergétique. Cette démache doit devenir le trait principal de la nouvelle version de vous-même : <u>focalisez sur ce qui va, plutôt que sur ce qui ne va pas.</u>

Bien qu'étant un ingrédient « magique », le fait de ressentir de la gratitude surtout lors d'événements à priori tragiques ne semble pas être quelque chose d'aisé. Finalement, le même problème se pose que pour le fait « d'aimer la vie ». Envers quoi avoir de la gratitude dans un monde en destruction totale et alors que des personnes meurent autour de moi ? Où trouver l'abondance dans un monde chaotique remplit de drame et de tristesse ?

En période de troubles, vous pouvez ressentir de la gratitude envers :

➢ <u>le fait d'être en vie</u>

Tant que vous respirez, il y a toujours au moins une chose pour laquelle vous pouvez avoir de la gratitude. Remerciez la Vie pour le fait d'être encore en vie et de pouvoir respirer.

➢ <u>le fait d'avoir des biens matériels</u>

Le fait de pouvoir manger, boire, avoir un toit sont des éléments d'une grande valeur. Beaucoup de personne n'auront plus cette chance. Ressentez de la gratitude envers la Vie, pour tous ces petits cadeaux matériels qui vous appartiennent.

➤ le fait d'être entouré

Se focaliser sur les choses les plus simples qui créent du bonheur dans votre vie de tous les jours : un sourire, un mot gentil, la famille, les amis, les enfants,... Toutes des petites choses qui valent la peine que l'on se batte pour elles.

L'échange et le lien social sont des élements essentiels pour votre survie. Faire partie d'une communauté est un avantage important par rapport aux personnes isolées. L'Homme a la formidable capacité et volonté de se battre plus pour les autres que pour lui-même. Soyez reconnaissant d'être entouré, cela augmentera rapidement votre niveau énergétique et votre mise en action. Cela vous rendra plus fort !

➤ le fait de savoir comment survivre

Le but de ce livre est de savoir comment survivre. Tout ce que vous apprendrez par votre lecture vous permettra de survivre et même de prospérer pendant et après l'effondrement. Le fait de posséder un mode d'emploi des premières actions à mener pour survivre est un atout considérable. Bien que cet ouvrage ne se focalise que sur les aspects psychologique, ces informations vous feront gagner un temps précieux dans la mise en place de votre stratégie de survie. Vous avez également une autre formation, vous décrivant point par point comment mettre en place une stratégie de survie efficace. Certains n'auront même pas le temps de dépasser la phase émotionnelle du déni. Ayez de la reconnaissance envers la Vie d'avoir pu obtenir de telles informations. Vous N'oubliez pas de la remercier pour tout son Amour et son aide !

➤   <u>le fait d'avoir un but</u>

Francis Bacon a dit : « On naît. On meurt. C'est mieux si entre les deux on a fait quelque chose. » Lorsque l'on observe la vie, on se rend vite compte qu'au final on naît seul et on meurt seul. L'accomplissement d'une belle vie aurait donc quelquechose à voir avec le développement de l'individu lui-même. Ce développement personnel pourrait être soit extérieur soit intérieur soit les deux à la fois.

Qu'attendons-nous de la vie ? Vivons-nous uniquement pour être un touriste/spectateur de sa vie ou pour en devenir le Héros principal ?

Très bientôt tout va changer dans notre monde, votre objectif de vie sera donc certainement amené à changer également ! Avec l'effondrement, la vie vous donne un nouveau grand but, une nouvelle raison de vivre. Finalement, l'effondrement vous offre l'opportunité de devenir le Héros de votre propre vie ! Maintenant, si l'on vous pose la question : « Pourquoi vivez-vous ? » Vous avez la réponse qui est… pour survivre !

Le point commun de tous les Héros quels qu'ils soient, est qu'ils ont tous un but extérieur, un objectif à réaliser ! Pour être plus précis, un Héros est quelqu'un qui cherche à évoluer intérieurement par l'intermédiaire d'un but extérieur. Avoir un but, avoir un pourquoi, avoir une destination d'arrivée sont des éléments essentiels pour devenir le Héros de sa propre vie. Aucun bateau ne part d'un port et aucun avion ne décolle, s'ils ne savent pas où est-ce qu'ils vont accoster ou attérir précisément. Ainsi les bateaux et les avions remplissent leur tâche de moyen de transport. Et bien c'est la même chose pour vous, pour « remplir votre tâche » ou évoluer personnellement dans cette vie, vous devez avoir un but précis, une ou plusieurs destination d'arrivée.

Vous pouvez ressentir de la gratitude car la Vie vous donne l'occasion de devenir le Héros de votre propre vie !

➢ Le fait de pouvoir s'accomplir personnellement

Comme tout Héros qui cherche à atteindre son objectif, vous devrez très certainement surmonter des épreuves à l'avenir. Le fait d'avoir des épreuves à dépasser pour atteindre un but, vous permettra de vous connaître et de vous accomplir personnellement. L'accomplissement personnel est synonyme d'envie de progresser et de s'améliorer. Autement dit, c'est l'envie de devenir une meilleure version de soi-même chaque jour. Il est également reconnu comme étant un besoin humain essentiel au bonheur dans les plus grandes études sociologiques au monde.

Finalement, l'effondrement mondial doit être considéré comme une épreuve à surmonter. Survivre doit être un défi à relever et non quelquechose à subir. Vous devez être actif de votre survie et non passif. Vous devez considérer que l'effondrement est un test personnel que vous envois la Vie. N'ayez pas une attitude négative sur le fait qu'il faille survivre. Survivre est en réalité un jeu que vous devez accepter de jouer. Le terme de jeu employé ici correspond à une notion de défi (à relever) et non d'amusement ou de divertissement. La survie est à la fois un défi à relever, un jeu (sérieux) à jouer, un obstacle à surmonter, un mur à escalader, une rivière à enjamber, un champ de braise à traverser et un voyage (iniatique) à entreprendre. Gardez à l'esprit cette superbe phrase de Nelson Mandela : *« Je ne perd jamais, soit je gagne, soit j'apprend ».*

Comme dans tous jeux, il y a des règles à suivre pour le jeu-survie ! La règle principale à suivre est de toujours trouver la Lumière au milieu de la pénombre, toujours trouver la solution au milieu des difficultés rencontrées, toujours trouver la juste information au milieu des mensonges et de l'ignorance. L'effondrement n'est qu'une épreuve de plus dans votre vie. Acceptez de vous servir de cette épreuve pour grandir intérieurement. Vous serez certainement une meilleure version de vous-même après l'effondrement qu'avant. Acceptez de jouer au jeu (sérieux) de la survie. Certains perdront, certains gagneront mais l'essentiel n'est pas ici. L'essentiel n'est pas tellement de vivre ou mourir. L'essentiel est de grandir, nous reviendrons sur ce point essentiel par la suite.

Remerciez la vie, car elle vient de vous imposer un ultimatum : soit vous évoluer personnellement, soit vous mourez. C'est un sacré test que vous envoie la Vie, mais dans tous les cas, vous n'avez pas le choix ! Ne fuyez pas la table de jeu, domptez la bête-effondrement, comprenez comment survivre, devenez le maître des clefs et le maître du jeu ! Survivez tout simplement ! Souvenez-vous qu'à chaque grande bataille, de Grands Guerriers émergent ! Soyez l'un d'entre eux !

En tant qu'être humain, nous sommes avons tous besoin de reconnaissance, il est donc bon d'apprendre à célébrer tous les petits défis du quotidien surmontés. Votre stratégie de survie sera ainsi plus agréable à mettre en oeuvre. Si personne de votre entourage ne vous félicite sur vos progrès ou que vous vivez complétement seul, vous devrez apprendre à vous auto-congratuler. Après chaque objectif atteint, vous pourriez par exemple vous accorder un petit moment plaisir comme l'ouverture d'une bonne bouteille de vin ou de champagne et ainsi portez un toast à votre évolution personnelle ! A la votre !

Passons maintenant à la deuxième étape pour augmenter son niveau énergétique, avec la méthode « douce ».

B)   La confiance en soi

La confiance en soi correspond à la croyance en notre capacité à réussir ce que l'on souhaite. Une grande confiance en soi signifie avoir la croyance absolue en sa capacité à réaliser un projet. A l'inverse, une faible confiance en soi signifie avoir la croyance d'être incapable de réaliser quoique ce soit.

Pour augmenter votre confiance en vous, vous devez travailler sur vos croyances. Les croyances ne sont que des pensées que l'on répète dans sa tête. A force de répétition, ces pensées sont considérées comme vraies. Elles sont donc devenues des croyances inconscientes. Les croyances sont comme des virus de l'esprit humain. Une fois infecté, il faut un long et difficile travail pour modifier une croyance acceptée et devenue inconsciente dans votre esprit. En réalité, il y a même deux sortes de croyances : les bonnes (« je mérite de vivre heureux, je suis une belle personne ») et les mauvaises (« je ne suis qu'un moins que rien, je suis moche à l'intérieur, je ne mérite pas de vivre »).

Vous êtes le seul responsable des croyances que vous acceptez mais retenez bien une chose très importante : <u>une croyance a la possibilité de vous construire ou de vous détruire</u>. Une croyance positive vous fera augmenter votre énergie et votre activité interne alors qu'une croyance négative fera l'effet inverse. Vous êtes le responsable de vos pensées et de la maîtrise de vos émotions. Personne d'autres ne peut faire ce travail pour vous !

Que vous vous croyez capable de survivre ou que vous vous en croyez incapable, dans les deux cas vous avez raison. En d'autres termes, si la situation vous semble catastrophique et que d'après vous il n'y a aucune solution, alors la situation sera catastrophique et il n'y aura aucune solution pour survivre. Vous devez avoir foi en vous-même sinon vous ne pourrez jamais passer à l'action même si vous êtes arrivé à la phase émotionnelle d'acceptation. Le meilleur moyen pour avoir confiance en vous est : <u>la Foi</u>. La notion de Foi touche à de nombreux sujets. Pour analyser de manière concise cette notion, nous ferons la différence entre deux types de Foi :

a)   <u>La Foi en soi-même</u>

La première catégorie est la Foi en soi-même, qui se rapproche dela notion de certitude. La certitude peut être assimilée à une auto-persuasion individuelle.

Il vous faut donc croire de toutes vos forces que vous allez survivre. Modelez votre esprit sur votre réussite. Ayez la certitude que vous êtes capable de survivre à ces évènements. Imprimez cette croyance dans votre esprit en vous répétant que vous allez y arriver. Alors, rien n'y personne ne vous empêchera de survivre et de faire survivre votre famille ! Pour n'avoir aucun doute sur vos capacités, répétez-vous tous les jours les phrases suivantes :

« J'aime mes enfants alors, je vais tout mettre en œuvre pour qu'ils survivent. »

« Je vais trouver les moyens de sauver ma famille. »

« Au fond de moi, je sais que j'en suis capable, je vais le faire ! »

« Rien ni personne ne m'arrêtera ! »

« Je vais tout déchirer ! »

« Poussez-vous, j'arrive ! »

b) La Foi en quelquechose de plus Grand que soi

La seconde catégorie consiste à avoir foi en quelque chose de plus grand que soi. Inutile d'être religieux ou spirituel pour croire en l'existence d'une certaine forme d'Intelligence à l'origine de toute chose. Dès que vous avez la Foi en une Intelligence Supérieure, vous vous sentez moins seul dans votre galère. En effet, la Foi permet de se sentir épaulé peu importe la situation vécue. Vous créez alors un contrat, un pacte psychologique avec la Vie, Dieu, la Source, le Grand Ingénieur, l'Univers (encore une fois, appelez-le comme vous voulez)... Vous avez alors le sentiment d'être simplement un membre d'un système global, une partie d'un Tout. Le fait de vous dire que vous ne serez jamais seul vous aidera considérablement d'un point de vue psychologique. Cela vous servira « d'appui

<u>mental et émotionnel</u> » indispensable en cas de perte importante de repères. La croyance en une Intelligence Suprême (que vous avez le choix d'adopter ou non) est contraire à la croyance que les évènements arrivent par hasard. La Foi peut donc également être la source <u>d'un sentiment d'espoir</u> et <u>d'une idée de destinée</u> :

« Si je vis cette épreuve, c'est parce que je suis naturellement capable de la surmonter d'une manière ou d'une autre. »

« Je suis -une partie de- l'Univers. »

« Je suis une partie de la Source Créatrice, je vais donc faire ce pour quoi je suis ici : Créer ! »

« Je crois en Dieu <u>donc</u> Dieu croit en moi... et je ne vais pas le décevoir ! »

« Survivre et évoluer est mon destin (et je vais tout faire pour le réaliser) ! »

Pour conclure, ayez foi en vous-même et ayez foi en la Vie ! Attention cependant à ne pas tomber dans l'autre excès et d'attendre qu'un « Sauveur-Baby-Sitter » vienne vous sauver. Cela n'arrivera pas et si cela devait arriver, il faudra alors grandement <u>se méfier</u> » <u>des évidences</u> » (cf le livre : *Survivre à l'effondrement des nations et au Nouvel Ordre Mondial*, pour plus de détails). L'Humain a tendance à croire que ce qu'il voit et à donner une représentation physique à ses croyances. Si c'est votre cas et si vous voulez vous faire une représentation de Dieu, je vous sugère de l'imaginer, ni dans le Ciel, ni dans la Terre, qui sont des croyances largement intégrées dans les religions et les cultures tribales à travers le monde, mais… <u>en vous-même</u> ! Cette Source d'Énergie Créatrice, ce petit soleil, pourrait par exemple provenir de votre ventre, à quelques centimètres au-dessus de votre nombril, et vous pourriez aller y puiser toute l'Énergie dont vous

SURVIVRE, COMMENCE DANS LA TÊTE !

aurez besoin à l'avenir. En bref, si un jour vous avez besoin d'aide et que vous recherchez une sorte de « Sauveur », regardez avant tout à l'intérieur de vous-même !

Une fois cette notion acquise, il vous faudra toujours rechercher le juste milieu entre croyance immatérielle et action concrète et physique. La croyance ne doit JAMAIS vous rendre soumis ou passif face aux évènements réels, c'est même tout le contraire. Votre Foi doit vous motiver à avancer pour accomplir... « l'oeuvre de la Vie », c'est-à-dire : construire au lieu de détruire ou de ne rien faire. En partant de l'hypothèse que le but principal de la vie est de s'harmoniser avec l'Intelligence Créatrice, la Vie (avec un grand V) alors, cette harmonie devrait se faire par et entre toutes les parties composants le Grand Tout, tant verticalement qu'horizontalement, <u>tant intérieurement qu'extérieurement</u>.

« Connais toi toi-même et tu connaîtras les dieux et l'Univers. »

Proverbe grec

En résumé, pour atteindre la phase d'investissement avec la méthode « douce », vous devez :

- <u>Avoir de l'estime pour vous-même</u>, en vous vous aimant vous-même, en ayant de la gratitude envers la vie et en désirant évoluer personnellement ;
- <u>Avoir confiance en vos capacités</u>, en ayant foi en votre capacité de survivre et en la Vie.

Finalement, pour maintenir vos niveaux, énergétique et d'activité, élevés sur le long-terme, vous devez chercher à évoluer et progresser <u>tant intérieurement qu'extérieurement</u>. Autrement dit, vous devez agir, vous mettre en mouvement et ne jamais cesser votre évolution. En étant concentré dans l'évolution de votre projet de survie, vous aurez moins de pensées et d'émotions négatives. Vous constaterez alors que ce qui vous semblait impossible n'était en réalité, pas si compliqué. Vous rentrerez alors dans un cercle vertueux qui vous permettra très rapidement de dépasser le stade de la survie pour atteindre le stade du « bien vivre ». Maintenant que vous êtes redevenu maître de vos pensées et émotions, il ne vous reste plus qu'à passer à l'action sans tarder.

Étape 5 : Modifier la réalité physique

La dernière méthode à mettre en œuvre pour faire disparaître la souffrance émotionnelle est de faire disparaître la cause de cette émotion dans la réalité physique. Votre budget sera certainement limité et comme votre temps est par définition limité, vous ne devrez donc pas vous éparpiller dans la mise en pratique de votre stratégie de survie. Alors avant de <u>passer à l'action</u>, vous devez faire trois choses :

- <u>Bien définir vos priorités</u>
- <u>Etre clair et précis sur le résultat désiré</u>
- <u>Visualiser votre mise en action pour atteindre le résultat escompté</u>

Vous devez tout d'abord définir vos priorités pour vous permettre de survivre. Ensuite, vous devez précisément savoir ce que vous voulez et établir une liste des choses prioritaires à faire. Enfin, vous devez visualiser votre mise en action. Le fait de visualiser les actions à réaliser augmente la précision de votre demande et vous permet surtout de gagner en efficacité. Vous aurez alors un résultat précis à obtenir et vous saurez comment agir étape par étape pour l'obtenir, jusqu'à l'avoir. Au final, vous devez agir et tout mettre en œuvre pour parvenir à atteindre le résultat escompté. Une fois arrivé à ce stade, le seul moyen d'échouer est d'abandonner. Rappelez-vous que si vous voulez vivre, vous n'avez pas le choix, vous devrez persévérer.

Si vos émotions négatives ressurgissent pendant cette étape, il est bon de se rappeler que les émotions négatives issues de la peur peuvent même être des alliées pour vous, si elles sont comprises et analysées. Tout est une question d'équilibre, le but étant de ne pas se laisser submerger par la peur. Dans ce cas, la peur de mourir ou de souffrir permet de vous « donner un coup de pied au derrière » en vous rappelant chaque jour d'adapter votre environnement extérieur pour que la peur diminue ou disparaisse. Si je n'avais pas un minimum peur que nos sociétés modernes s'effondrent, je ne me préparais pas pour cela et vous ne seriez pas en train de lire ce livre... Tant que la situation actuelle que vous vivez n'est pas confortable et saine pour vous, l'émotion négative (la peur, l'angoisse, la colère, la tristesse,...) persistera. Les émotions négatives peuvent donc être fortement atténuées par la préparation et l'anticipation de la cause réelle de la peur.

Exemples :

« J'ai peur de ne pas avoir assez à manger donc j'anticipe et j'achète des semences. »

Le problème d'un enfant moqué à l'école par un groupe n'est pas l'émotion de honte de l'enfant, mais la situation de moquerie. Changez la situation et la honte diminuera, voire disparaîtra.

C'est la cause qui engendre l'émotion qui doit être traitée et non l'émotion elle-même. Il faut faire attention à ne pas se tromper d'ennemi. Les émotions ne sont qu'un voyant ou une alarme. Les émotions négatives sont une conséquence, pas une cause. La peur est l'indicateur vous signalant que votre situation actuelle n'est pas confortable pour votre survie ou votre bien-être. A partir du moment où la situation est calme et que le problème réel est totalement résolu, les émotions s'atténuent voire disparaissent naturellement. Vous devez donc vous focaliser sur la cause de votre émotion négative et ensuite, une fois la cause définie, vous devez agir de manière à ce qu'elle ne vous dérange plus. <u>La peur du</u>

<u>détachement diminue ou disparaît dans l'action</u>.

Cas particulier - le décès d'un proche : *Il n'est pas toujours possible de résoudre la source de nos émotions négatives dans le monde physique. L'exemple le plus représentatif de ce fait est dans le cas de décès d'un proche. En cas d'effondrement, vous serez peut-être confronté à la perte d'un être cher à votre cœur. Dans ce cas, vous ne pourrez pas agir sur la cause réelle de votre souffrance psychologique. Vous serez alors infiniment triste et vous vous sentirez également coupable de ne pas avoir pu sauver cette personne. Vous tomberez alors dans une phase de dépression. Pour sortir de cette phase, vous serez alors contraint <u>d'amplifier votre travail de gestion de vos émotions</u>, en répétant les étapes de guérison précédentes, jusqu'à l'étape 4 comprise. Prenez du temps pour accepter le détachement et focaliser votre mental sur* *l'abondance (étape 4), c'est-à-dire que vous devez ressentir de la gratitude envers la Vie d'avoir eu la chance de faire un bout de chemin avec votre proche récemment défunt. Rappelez-vous rapidement de tous vos beaux moments vécus ensemble et donner un sens à la mort de votre proche. Préférez la colère (positive) à la dépression. Dans ce cas de figure, vous devez répéter les étapes de guérison régulièrement jusqu'à ressentir la phase d'acceptation (le détachement émotionnel).*

Pour conclure, le fait de passer à l'action et de réfléchir de manière constructive à la résolution pratique de vos problèmes évite au mental de tergiverser et de faire réapparaître des pensées négatives. La mise en action suite à un décès ou une perte importante est un remède efficace qui vous aidera à réduire vos émotions négatives et à augmenter vos niveaux énergétique et d'activité. En résumé, à ce niveau là, vous devez <u>passer à l'action, mais pas n'importe comment</u> !

LA PRISE DE DÉCISION

Pour être sûr de ne pas agir n'importe comment, vous devez tout d'abord analyser vos décisions dans le détail. Afin d'être sûr de prendre la bonne décision, vous devez pour chaque décision importante lister les avantages et inconvénients des conséquences de celle-ci. Voici un petit exercice très simple mais très efficace pour être sûr de prendre la bonne décision. L'idée de l'exercice est de poser une question précise impliquant un choix important. Ensuite, il faut lister tout les avantages et inconvénients qui vous viennent à l'esprit. Dans l'idéal, cet exercice doit être réalisé par au minimum deux personnes adultes.

Exercice-exemple :

Nous habitons en ville, mes parents habitent à la campagne, est-ce que nous devons rester en ville ou aller chez eux ?

Il vient d'y avoir un krach financier qui a engendré des faillites d'entreprises et donc des ruptures de stocks alimentaires et finalement des problèmes sociaux commencent (violences, pillages, vols).

Avantage de partir	Inconvenient de partir
Rivière à proximité (eau potable illimitée)	Risque d'exposition pendant le trajet (si voyage de jour / conduite adaptée / équipement adapté -> risque limité) + voir avantage -> bon timing
Terre cultivable (nourriture illimitée)	+ 2 personnes à nourrir
Bois pour le chauffage disponible (chauffage quasi-illimité)	Plus isolé (accès aux soins lourds plus long et plus compliqué

	quoique les hopitaux sont déjà débordés…)
Création d'une communauté (plus de compétences, lien social renforcé)	…etc
Plus isolé (moins de risque d'agression)	
Le timing est bon (les choses peuvent ampirer rapidement : circulation interdite, embouteillages immenses à cause des personnes fuyant les villes,…etc)	
…etc	

Si après avoir fait cet exercice, il y a plus d'avantages que d'inconvénients et que les inconvenients ne présentent pas un risque important de mort ou de blessure alors, agissez ! Sinon ne le faîtes pas. Dans l'idéal, cet exercice doit être fait à plusieurs et, très important, **avec une vision à long terme (minimum de 2 ans)**.

Il est important d'être responsable de sa décision et de ne pas rejeter la faute sur quelqu'un d'autre. En cas de période d'instabilité, beaucoup de décisions sont difficiles à prendre, mais il faut faire des choix et aller à l'essentiel.

CONCLUSION

Au départ, vous allez très souvent retomber dans une phase émotionnelle inférieure à la phase d'acceptation (le déni, la colère, le marchandage, la dépression) mais il vous suffira de reprendre le processus des 5 étapes que nous venons de voir pour ré-accéder au minimum à la phase émotionnelle d'acceptation. Gérer ses émotions, lorsque cela n'est pas une habitude, est difficile. Mais, pour survivre, dîtes-vous bien que vous n'avez pas le choix ! Certaines techniques pourront sensiblement améliorer vous aider dans cette tâche comme par exemple : la respiration profonde, la méditation, le yoga, la sophrologie, le Qi Qong, l'EFT, l'hypnose (régréssive) entre autres. De plus, si je devais vous conseiller une seule lecture pour compléter votre préparation psychologique, ce serait : *Le pouvoir du moment présent*, d'Eckhard Tholle.

Peu importe votre situation et les solutions mises en œuvre, il ne faudra jamais perdre de vue l'objectif principal de la gestion psychologique qui est : de ressentir des émotions positives ou à défaut neutres (niveau énergétique élevé) et surtout de rester actif (niveau d'activité élevé). Considérez-vous comme un vase à remplir d'énergie de qualité. Emplissez-vous d'énergie lumineuse tous les jours, toutes les heures, toutes les minutes et toutes les secondes. Ne vous privez pas, cette énergie lumineuse interne est gratuite et abondante !

Selon votre âge, le processus de guérison émotionnelle sera plus ou moins long. En effet, pour les personnes les plus agées ayant plus d'expérience de la vie, ce processus peut-être très long voire impossible à mettre en oeuvre. La grande majorité des personnes ayant plus de 30 ans ont créé leurs croyances en fonction des repères de la société. Vous éliminez ces repères et vous avez l'impression d'avoir vécu dans le mensonge pendant de nombreuses années de votre vie. Certaines personnes seront incapables d'accepter la situation et resteront dans le déni car cela détruirait leur vision de la réalité. Ces personnes préferont mourir de chagrin ou se faire tuer dans un acte désespéré, pour éviter de vivre dans cette nouvelle réalité qui n'est pas la leur. Pour les plus jeunes (moins de 30 ans) ayant moins de repères extérieurs, il sera plus simple pour eux de se ré-inventer. Leur adaptation aux conséquences de l'effondrement se fera plus rapidement pour eux que pour les plus anciens.

Si vous êtes déconnecté de la réalité (dans le déni), vous ne mesurerez pas les risques à leur juste valeur. Par vos décisions, vous

vous exposerez alors à des risques mortels sans le savoir. Si vous êtes en colère, vous prendrez des décisions émotionnelles et donc irrationnelles. Si vous êtes paralysé par la peur alors vous ne prendrez aucune décision, vous en serez incapable, idem pour la phase de dépression. Rappelez vous bien que le fait <u>ne pas prendre de décision est une décision en tant que tel</u>. Vous faîtes alors le choix de ne pas choisir. Une prise de décision dans une phase émotionnelle antérieure (à gauche) à la phase d'acceptation est 95% du temps une mauvaise décision ! En période de danger, une mauvaise décision suffit à assurer votre propre mort et celle de toute votre famille.

Ne minimisez pas la psychologie du choc, si vous la comprenez et la maitrisez, elle peut devenir votre <u>meilleure alliée</u> ! N'oubliez pas également que toutes les autres personnes que vous rencontrerez traverseront ces phases et seront rarement capables de gérer leurs émotions aussi bien que vous.

Voici un résumé des étapes à mettre en œuvre pour pouvoir atteindre la phase émotionnelle d'acceptation et ainsi prendre une décision rationnelle le plus rapidement possible :

➢ Étape 1 : Couper le monologue des pensées (disparition de la culpabilité et de la peur)

➢ Étape 2 : Reconnaître ses émotions négatives (à quoi êtes-vous attaché ?)

➢ Étape 3 : Accepter le détachement, le changement (la nouvelle version de vous-même)

➢ Étape 4 : « Faire les niveaux (énergétiques) » (estime de soi + confiance en soi)

➢ Étape 5 : Modifier la réalité physique (mise en action)

En terme de « discours parlé », ces étapes pourraient se manifester de la manière suivante :

➤   « J'ai terriblement peur ok ! Alors je calme mon esprit et j'arrête de penser. »

➤   « De quoi est-je peur précisément ? De mourir… ok ! »

➤   « Je lâche prise, je cède à ma peur, j'accepte de mourir intérieurement, plus rien n'a d'importance de toute manière… »

➤   « Je mérite de vivre et j'aime la vie, j'ai beaucoup de chance comparé à d'autres ! Je suis un Guerrier !!!! Je vais y arriver !!!! »

➤   « Ecoutez-moi tous ! Voilà ce que nous allons faire… »

Le dernier conseil que j'ai à vous donner au sujet de la gestion de vos émotions est le plus important. Si vous ne deviez retenir qu'une seule chose de votre lecture alors ce doit être ceci :

ÉTEIGNEZ VOTRE TÉLÉVISION !

Les mauvaises nouvelles et les images tristes diffusées à la télévision maintiennent et maintiendront inconsciemment des émotions négatives dans votre esprit. En regardant régulièrement la télévision, vous ne pourrez jamais accéder à la phase émotionnelle d'investissement, vous serez alors toujours submergé par vos émotions négatives. Il est bien sûr important de se tenir informé de la situation mondiale mais préférez internet ou au pire des cas la radio. Si vous choisissez tout de même de regarder la TV, faîtes-le de manière brève et non-régulière. De manière générale, restez très vigilant quant aux informations que vous laissez entrer dans votre tête et principalement dans le cas de la télévision. Les « programmes » TV ne portent pas ce nom pour rien, ils programment vos connaissances et vos émotions et donc au final vos réactions.

Vous connaissez maintenant toutes les phases psychologiques par lesquelles vous allez sans doute passer. Vous connaissez le processus mental et émotionnel à mettre en œuvre pour rester maître de vous-même. Et enfin, vous savez quand prendre les décisions importantes (phase d'acceptation) et comment jauger le pour et le contre des conséquences d'une décision.

A retenir :

Acceptation émotionnelle de la situation + Analyse rationnelle = Décision rationnelle = Bonne action

Vous êtes maintenant très bien armé intérieurement pour survivre aux événéments futurs. Vous avez toutes les connaissances pour être apte mentalement et émotionnellement à survivre à l'effondrement que nous allons connaître et à ses conséquences sur nos vies. N'oubliez jamais que la gestion psychologique est l'élément le plus important à connaître en temps de survie. C'est la priorité des priorités ! Pour survivre, il faut avoir avant tout envie de vivre et savoir comment prendre de bonnes décisions.

Le dernier point important à traiter est le degré d'aptitude. Vous êtes apte psychologiquement… en théorie ! Ce n'est pas parce que vous connaissez théoriquement une information que vous la possédez en réalité. Autrement dit, vous n'êtes encore qu'à la phase de la théorie. En effet, ce n'est pas parce que vous avez lu une fois cette formation que vous serez apte psychologiquement à surmonter n'importe qu'elle situation future. Mais alors comment faire pour être toujours apte ?

L'humain est un sujet loin d'être parfait et donc aucune certitude n'est possible à son sujet. En revanche, vous pouvez sensiblement augmenter votre aptitude psychologique par l'entrainement. <u>La mise en pratique et la répétition sont en effet les clés du succès</u>. Le point positif, c'est que vous avez déjà fait la moitié du chemin, il ne vous reste plus qu'à mettre en pratique tous les jours ce que vous venez de lire. Vous devrez relire les étapes de guérison peut-être 10 fois si vous ne les avez pas bien comprises mais ensuite, <u>vous devrez les appliquer dans votre propre vie régulièrement</u> ! La répétition créera en vous un comportement inconscient. Et vous devriendrez alors un athlète de haut niveau qui s'est entrainé longuement pour être le plus performant possible le jour de la compétition.

Pour résumer : <u>relisez, comprenez, appliquez et répétez</u> !

Et n'oubliez jamais de gardez l'espoir, gardez le sourire et de rayonner votre Lumière intérieure !

Maintenant que vous êtes (en théorie) apte psychologiquement et que vous avez compris l'importance de l'entrainement régulier, il ne vous reste plus qu'à être apte : intellectuellement, matériellement et physiquement. Je vous invite donc à poursuivre vos efforts dès maintenant en apprennant la stratégie globale de survie à mettre en œuvre pour protéger vos proches et vous-même des difficiles évènements futurs. Pour ce faire, je vous conseille de lire la formation intitulée :

Comment s'adapter à l'effondrement des nations

Que vous pourrez vous procurer facilement ici : www.omnia-veritas.com

OMNIA VERITAS
Omnia Veritas Ltd présente :
Triptyque sur le conditionement de l'homme par la femme
par
Esther Vilar
I
II
III
Une analyse des rapports entre hommes et femmes dans les pays occidentaux

OMNIA VERITAS
Esther Vilar
Omnia Veritas Ltd présente :
L'Homme
Manipulé
« Pour la femme, que l'homme soit bien physiquement ou non, sympathique ou non, intelligent ou non, ne joue absolument aucun rôle. »
Dans le monde des femmes, seules comptent les autres femmes

OMNIA VERITAS
Esther Vilar
Omnia Veritas Ltd présente :
Le sexe
polygame
ou
le droit de l'homme à plusieurs femmes
Esther Vilar, est une féministe, certes, et même une super féministe... mais à contre-courant !
Pamphlet cinglant, d'une humeur impitoyable...!

Une authentique révolution socio culturelle !

Le mondialisme décrypté après sept années d'investigation

Les chefs d'Etat appellent unanimement à un nouvel Ordre mondial...

Omnia Veritas Ltd présente :

L'EMPRISE DU MONDIALISME II
INITIATION & SOCIÉTÉS SECRÈTES

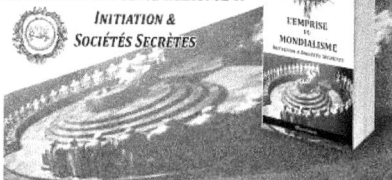

*De quelle manière le **symbolisme** est-il lié à l'initiation, au secret, au **pouvoir** ?*
*Quel est le point commun entre les **rites anciens** et les pratiques contemporaines ?*

Qu'est-ce qu'implique une initiation luciférienne pour le nouvel Ordre mondial ?

Omnia Veritas Ltd présente :

L'EMPRISE DU MONDIALISME III
LE SECRET DES HAUTES TECHNOLOGIES

*Les moyens de **haute technologie** des superpuissances ont-ils capacité à manipuler, bouleverser, le **climat**, produisant des inondations, sécheresses, ouragans, **tsunamis**, tremblements de terre... ?*

Peut-on influer à distance sur le cerveau de populations entières?

Omnia Veritas Ltd présente :

L'EMPRISE DU MONDIALISME IV
HÉRÉSIE MÉDICALE & ÉRADICATION DE MASSE

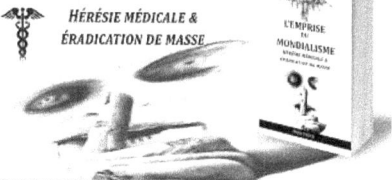

La plupart des médicaments sont néfastes, dangereux, inutiles, quelles sont les conséquences pour le public ?
Saviez-vous que des traitements alternatifs très efficaces contre le cancer ont tous été occultés...?

La véritable origine du SIDA, de l'Ebola, quel objectif mondial?

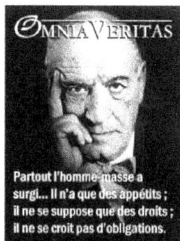

www.ingramcontent.com/pod-product-compliance
Lightning Source LLC
Chambersburg PA
CBHW072154270326
41930CB00011B/2428